발달장애인의 눈에 비친 세계

일러두기

의학 용어는 〈대한의사협회 의학용어집 제6판〉에서 통용되는 표기를 따랐습니다.

발달장애인의 눈에 비친 세계

이데 마사카즈 지음

이담북스

"내가 이런 고민과 괴로움을 안고 있는 이유는 무엇일까?"
"아이가 이런 행동을 하는 이유는 무엇일까?"

이 '이유'에 담긴 과학 원리를 독자들이 더 잘 이해할 수 있도록, 발달장애 연구자의 시선을 전달하기 위해 이 책을 썼다. 이유를 모르면 불안하기 마련이다. 그리고 불안을 해소하지 못하면 악순환에 빠지고 만다. 반면 이유를 알면 흘려보내거나 대처하는 방법도 생각할 수 있다. '이유'를 공유한다면 의사소통하기도 한결 더 쉬워진다.

발달장애로 고민하는 당사자와 주변 사람들에게 하고 싶은 말이 있다. 발달장애인이 하는 말과 행동은 호불호나 고집 때문이 아니라 뇌 기능의 특성 때문에 일어나는 일이라는 점이다.

그렇다면 뇌 속에서는 실제로 어떤 활동이 벌어지고 있을까? 또, 그 활동은 발달장애인의 '눈에 비친 세상'에 어떤 영향을 미치고 있을까? 이를 알려면 뇌 활동을 측정하는 MRI(자기 공명 영상) 기계와 같은 장비들로 실험에 참여한 발달장애인의 뇌를 자세히 연구해야 한다.

나는 현재 발달장애인, 그중에서도 자폐 스펙트럼 장애Autism Spectrum Disorder(ASD)인이 가진 지각 능력에 관해 연구하고 있다.

자폐 스펙트럼 장애인이 오감으로 자극을 어떻게 느끼는지, 감각이 민감하거나 둔감한 문제는 뇌의 어느 영역과 관계가 있는지, 자폐 스펙트럼 장애인이 어려워하는 행동과 잘하는 행동은 무엇인지. 이런 질문들에 가설을 세워 검증하면서 조금씩 밝혀내고 있다.

발달장애인의 보호자가 거는 큰 기대에 책임을 느끼며 다짐하다

발달장애인이 가진 지각 능력과 관련한 '이유'를 명확하게 밝혀 세상에 공헌하고 싶다고 생각하게 된 것은 대학원을 졸업하고 난 다음이었다. 그때까지 나는 '감각의 통합'을 주제로 삼아 연구하고 있었다. 어느 날 발달장애인 보호자 모임과 인연이 닿았고 그 모임에서 연구에 관한 이야기를 하고 싶다고 부탁했더니, 모임은 흔쾌히 허락해 주셨다. 그리고 그곳에서 한 경험은 내게 이정표가 됐다.

자식 걱정에 눈물을 흘리며 내게 말을 걸어오는 분도 계셨고, 내가 발표한 연구 성과에서 희망을 발견했다는 분도 계셨다. 또 연세가 지긋한 분들이 무척 진지한 얼굴로 신출내기 연구자에 불과한 내 이야기를 들어 주시기도 했다. 그분들이 내게 거는 큰 기대에 책임감을 느끼며 보호자들이 조금이라도 더 행복하게 살 수 있게 돕고 싶다고 생각했다.

이후 나는 작업 치료사를 포함하여 임상 현장에서 일하는 분들과 함께 연구하거나, '세계 자폐인의 날World Autism Awareness Day'에 행사를 열며 자폐 스펙트럼 장애인을 지원하는 NPO 법인과 연계하면서 연구를 진행하고 있다. 내게 이정표를 제공해 준 보호자 모임 분들과도 꾸준히 인연을 이어가고 있다.

해외의 다양한 최신 연구 사례를 근거로 들어 설명하는 '눈에 비친 세계'

이 책에서는 내가 지금까지 연구하면서 밝힌 '이유'를 바탕으로 해외의 다양한 최신 연구 사례도 활용해 '발달장애인의 눈에 비친 세상'을 알기 쉽게 설명하고자 했다.

한 보호자는 이런 부탁을 하기도 했다.

"담임 선생님께 '우리 아이는 이런 특성 때문에 특정 행동을 싫어한다'고 아무리 설명한들 이해하지 못하시더군요. 주변 사람들에게 '내 아이가 왜 그러는지' 과학적인 근거를 들어 알기 쉽게 전달할 수 있는 책이 있으면 좋겠습니다."

여러분이 발달장애를 이해하는 데 이 책이 조금이라도 도움이 된다면 저자로서 그보다 더한 기쁨은 없겠다.

이데 마사카즈

차례

들어가며   4

제1장
발달장애인, 그리고 그 주변 사람들이 곤란해하는 것들

당사자와 주변 사람들이 겪는 어려움   16

본인 성격이나 인간성에는 문제가 없다   16

그러므로 '이유'를 모두가 이해하는 일이 매우 중요하다   17

발달장애인 대부분이 겪는 감각 문제   18

당사자, 보호자, 학교 및 직장 관계자 각자가 안고 있는 고민   20

지금까지 내가 연구한 내용   23

한 영역에 국한하지 않고 연구를 진행하다   23

누구를, 무엇을 위한 연구 결과인가   25

제2장
발달장애란 무엇일까?

사례 1 | 분위기 파악을 잘 못해 주변 사람들에게 미움을 받는 나 28

발달장애의 개요 34

아는 줄 알았는데 사실은 모르는 '발달장애' 34

자폐성장애, 학습장애, 주의력 결핍-과잉행동장애 등을 포괄하고 있다 34

각 장애의 진단명과 특성 37

명확하지 않은 '경계선' 40

2013년을 기준으로 '전반적 발달장애'는 '자폐 스펙트럼 장애'로 바뀌었다 41

진단 기준에 새로 추가된 '감각 과민', '감각 저하' 44

'감각 과민'이란? 45

제3장
최근 연구로 밝혀진 발달장애인의 눈에 비친 세상

사례 2 | 다른 사람과 느끼는 방식이 다른 것 같은 기분인데, 왜일까? 48

감각 과민과 감각 저하 52

자폐 스펙트럼 장애 아동 대부분이 안고 있는 '감각 문제' 52

원인은 유전일까? 환경일까? 54

기술 혁신에 힘입어 '감각 문제'가 밝혀지다 55

자극에 다르게 반응하다 – '감각 과민'과 '감각 저하' 57

감각 과민과 감각 저하 모두를 고민하는 사람이 대다수 60

감각이란? 62

사례3 | **이 아이 눈에는 다르게 보이는 게 아닐까?**　64

뇌 작용이 핵심이다　67

'착시'는 자폐 스펙트럼 장애인이 가진 감각을 명확하게 한다　67

네커 큐브를 보는 법이 달라지지 않는 이유　68

주변 정보에 현혹되지 않는 자폐 스펙트럼 장애인　71

자폐 스펙트럼 장애인은 원근감을 확인할 수 있는 단서를 잘 이용하지 못한다?　74

'숲을 보지 않고 나무를 보는' 경향　76

'뇌'는 자폐 스펙트럼 장애인 세계를 여는 열쇠　79

뇌의 어느 영역에서 GABA양이 적을수록　82

진동 실험으로 밝혀진 다양한 사실　83

사례4 | **이렇거나 다른데, 다른 사람은 왜 모를까?**　85

시간 정보 처리　89

자폐 스펙트럼 장애인은 시간 정보를 어떻게 처리할까?　89

시간 해상도와 감각 과민은 무슨 관계?　91

밀리초 단위 시간 해상도와 관련한 청년 자폐 스펙트럼 장애인의 수수께끼　92

'억제기' 없이 활동하는 뇌　93

제4장
발달장애인이 겪는 어려움을 공유하자

사례 5 | 어떻게 해야 이 기분을 알릴 수 있을까?   98

감각 문제 때문에 느끼는 고통   102

'감각 문제'를 안고 있는 자폐 스펙트럼 장애인이 보는 세상   102

'늘 가던 길로 가고 싶다'라는 말에 숨겨진 불안과 공포   103

심각한 상처도 느끼지 못하는 감각 저하   104

다른 사람과 물리적 거리가 가까워지기 쉽다   105

'손과 발', '눈과 손'처럼 제각각 움직이는 운동이 서툴다   107

갑작스러운 소리에 깜짝 놀란다   109

추위나 더위 때문에 느끼는 찌르는 듯한 통증   111

사례 6 | 너무 신경이 쓰여 일이 손에 잡히지를 않는다   113

불안장애의 고민   117

동시에 여러 불안장애로 고민하는 자폐 스펙트럼 장애인   117

일상생활에 많은 영향을 미치는 강박장애   119

싸우거나, 도망치거나, 그 자리에 멈추거나   120

공포 가득한 불안한 표정 때문에 자폐 스펙트럼 장애인은 불안이 심해진다   121

사례 7 | 다른 사람들은 무슨 이야기를 할까?   123

어렵기만 한 의사소통   127

대화에 끼기 어렵다   127

위장으로 숨기려 한다   131

사례8 | **다른 사람들은 어떻게 멀티태스킹이 가능할까?**   134

행동에 관한 고민   138

그만둘 때를 잡기 어렵고, 행동반경이 좁아지기 쉽다   138

'행동하는 이유'를 관찰하고 생각해 행동 배경을 추측한다   139

제5장

발달장애인과 함께
더 나은 삶을 살려면

장애? 혹은 개성?   142

당사자가 스스로 대처해야 할 일?   142

'옆 사람과 시선이 다르다'는 감각   143

거시적이 아닌 미시적인 관점으로 수용한다   145

발달장애가 가지는 힘   148

지나치게 민감한 감각 때문에 표현할 수 있는 세상의 아름다움   148

너무 치켜세우면 새로운 분열을 낳는다   149

공감각을 가진 사람   150

소리를 '보는' 감각이 만들어 내는 그림   152

절대 음감을 소유한 사람   155

'틀린 그림 찾기'를 잘하는 능력   157

자폐 스펙트럼 장애'라도'가 아니라,
자폐 스펙트럼 장애'라서' 과학에 공헌할 수 있다   160

발달장애인 주변에 있는 사람들이 할 수 있는 일　161

　'미래로 이어지는 발달'을 지원하자　161

제6장

발달장애인이 활약할 수 있는
세상으로

앞으로 이어질 연구와 과제　164

　감각 저하에 관한 연구가 진전하다　164

　'감각 과민과 감각 저하의 동거'에 관한 해상도가 더욱 선명해지다　165

　여러 사람과 나누는 대화가 불편한 이유와 대처 방법이 밝혀지다　167

당사자, 주변 사람들, 사회가 할 수 있는 일　169

　당사자에게 전하고 싶은 세 가지 당부　169

　보호자에게 전하고 싶은 두 가지 당부　171

　기초 연구와 임상과 지원을 연계하다　172

나가며　174

주요 인용 및 참고 문헌　176

제1장

**발달장애인, 그리고
그 주변 사람들이 곤란해하는 것들**

당사자와 주변 사람들이 겪는 어려움

본인 성격이나 인간성에는 문제가 없다

나만 평소와 다른 길로 갈 수 없다.

나만 대화에 제대로 끼어들지 못한다.

나만 급식을 거의 다 남긴다.

나만 어떤 일을 동시에 진행할 수 없다.

나만 공놀이가 서툴다.

나만 생각한 대로 말이 튀어나와 상대에게 상처를 주고 만다.

나만 번쩍이는 불빛에 움찔한다.

나만 더위나 추위 때문에 몸이 자주 아프다.

나만 정해진 틀 안에 글씨를 쓰거나 그림을 그릴 수 없다.

나만 한 가지 일에 열중해 그것에서 좀처럼 손을 뗄 수가 없다.

나만 다른 사람과 똑같지 않다는 고민으로 매일 자존감을 잃어 가는 발달장애인이 많을 것이다. 내 아이가 다른 아이들과 다르다는 고민을 안고 아이의 앞날을 걱정하는 부모도 상당수 있을 것이다.

'들어가며'에서 살짝 언급했지만, 발달장애인들이 하는 언행이 다른 사람과 달라 보이는 이유는 뇌 기능의 특성 때문이라는 사실이 밝혀지고 있다. 본인 성격이나 인간성에는 문제가 없다. 즉, 고집이나 참을성처럼 본인 노력으로 해결할 수 있는 문제가 아니라는 뜻이다.

그러므로 '이유'를 모두가 이해하는 일이 매우 중요하다

하지만, 인간성이나 성격이 아니라 뇌의 특성 때문이라는 사실을 당사자나 그 주변 사람들은 잘 모른다. 다양한 문제가 발생하는 이유는 바로 여기에 있다.

소리 문제를 예로 들어 보자. 민감한 청각을 지닌 발달장애 아동 가운데에는 교실에서 반 친구가 떠드는 소리가 귓가에 크게 울리면 머릿속이 혼란스러워져 참지 못하는 아이가 있을 수 있다. 그런 감각에 빠지는 이유를 아이가 스스로 정확하게 이해하지 못하면 어떻게 될까? 다른 친구들과는 달리 자기가 나약해서 참을 수 없는 것이 아닌지 의심하게 된다. 그리고 이 사실을 선생님께 이야기해도 좋은지 알 수 없어 끙끙댈 수밖에 없다.

이런 자녀를 부모가 이해하지 못하면 어떻게 될까? 왜 다른 아이들처럼 얌전히 앉아 있지 못하냐고 혼내지는 않을까? '다른 아이들처럼', '평범하게'와 같은 말로 사랑하는 자녀를 심리적으로 몰아붙일지도 모른다. 만일 자녀가 다른 아이들과 소리를 듣는 감각이 다르다는 사실을 부모가 인지했더라도 그 차이를 정확하게 모른다면 선생님과 같은 주변 사람들에게 설명하기 어려워진다.

학교는 어떨까? 아이가 하는 말과 행동 뒤에 숨겨진 원리를 이해하지 못한다면 고집부리지 말라거나, 특별하게 대우해 줄 수 없다거나, 혹은 다른 아이들과 똑같이 행동하라는 식으로 아이를 대할 수밖에 없다.

방음 보호구 가운데에는 귀 전체를 덮는 '방음 헤드셋'이 있다. 원래 공사 현장이나 비행장처럼 소음이 큰 곳에서 일하는 사람들이 청각을 보호하고자 사용한 도구이다. 그러다가 방음 효과가 뛰어나다는 사실이 알려지면서, 청각이 민감한 사람들이 큰 소리로부터 자신을 보호하려고 방음 헤드셋을 사용하기 시작했다.

만일 당사자와 그 주변 사람들 모두가 아이 성격 때문이 아니라 뇌 특성 때문에 아이가 교실 소음을 견디지 못한다는 사실을 이해한다면, 아이가 교실에서 방음 헤드셋을 착용하게 해 아이 고민을 쉽게 해결해 줄 수 있다. 그러므로 '이유'를 이해하는 일이 무척 중요하다.

발달장애인 대부분이 겪는 감각 문제

자세한 내용은 제2장부터 제대로 설명하겠지만, 발달장애인, 그중에서도 내가 연구하고 있는 자폐 스펙트럼 장애인 대부분은 감각 문제를 안고 있다. 앞서 소리(청각) 문제를 소개한 바 있다. 오감이라는 단어가 있듯 사람은 청각 이외에도 시각, 미각, 촉각, 후각을 지니고 있다.

시각 문제를 예로 들어 보자. 일부 학생들은 학교에서 사용하는 공책이 보기 불편하다고 호소한다. 공책 표지나 괘선에 색이 칠해져 있는데, 색 농도 때문에 눈이 굉장히 부셔 공책을 계속 쳐다보고 있으면 속이 울렁거린다고 한다.

공책을 사용하면 속이 안 좋아지는 이유가 뇌 특성 때문이라는 점을 당사자나 주변 사람들이 이해하고 있다면 어떻게 대처할까? 눈을 편안하게 하는 다른 공책을 사용하면 그만이다. 그러나 이런 이해가 없다면 혼자만 특별히 대우해 준다는 오해를 사기 쉽다.

미각이나 후각에도 문제가 있을지 모른다. 급식을 삼키지 못하는 아이를 생각해 보자. 아이들 대부분이 좋아하는 딸기도 어떤 아이는 식감이 물컹물컹하다며 싫어하기도 한다. 감각이 음식을 거부하는 것이다. 영양소를 골고루 섭취해야 하니 다 먹으라거나 농부들에 대한 예의가 아니라며 마음가짐 문제로만 치부하는 말은 당사자를 괴롭게 할 뿐, 문제를 해결해 주지 않는다.

촉각 또한 마찬가지다. 천이 피부에 닿을 때 민감하게 반응하는 아이도 있다. 아이가 갈아입은 체육복이 따갑다고 할 때, 다른 친구들도 입었으니 참으라는 말은 해결책이 될 수 없다. 다른 아이들은 아무 문제가 없더라도 한 아이는 아픔을 호소하고 있다는 사실을 이해하고, 나아가 그 아이가 가장 적합한 대처 방법을 선택하게 해야 한다.

이런 현상은 비단 어린이집이나 유치원, 초등학교, 중학교와 같은 아이들 세계에서만 일어나는 일이 아니다. 직장과 같은 어른 세계에서도 일어나고 있다. 주변에서 감각에 관해 전혀 이해하지 못할 때,

발달장애인은 다양한 장소와 상황에서 괴로움을 느끼게 된다.

그러므로 우리는 모두가 당연히 똑같이 느낀다고 생각하지 말고 기본적으로 각자가 느끼는 감각은 다르다는 개념을 전제로 상대방을 이해해야 한다.

당사자, 보호자, 학교 및 직장 관계자 각자가 안고 있는 고민

모든 사람은 각자 위치에서 고민과 괴로움을 안고 있다.

〈당사자〉

발달장애인 당사자는 주로 세 가지를 고민한다.

첫 번째는 자신이 어떤 상태인지 잘 모른다는 고민이다. 자기 몸에서 일어나는 일을 이해하지 못해 막연히 불안해한다.

두 번째는 자기 상태는 자각하고 있지만 대처하는 방법을 모르겠다는 고민이다. 물론 더위와 추위, 눈부심, 큰 소리와 같은 감각 문제에 대처하려면 주변에서 이해하는 일도 필요하다. 하지만 대부분은 그 이전에 당사자 스스로가 적절히 대처하는 방법을 찾지 못한 상태이다.

세 번째는 두 번째와도 관련이 있는데, 주변 사람들이 자신을 이해하지 못한다는 고민이다. 가령 무릎이 까져 피가 나 아프다고 해 보자. 이런 상처는 눈으로 확인할 수 있으니 반창고를 붙여 치료하면

된다. 대처 방법이 확실하므로 주변에서 이해를 쉽게 얻을 수 있다. 하지만 감각은 눈에 보이지 않는다. 나아가 감각이 발생한 원인이 복잡하므로 대처 방법 또한 아직 제대로 서 있지 않다. 그래서 본인이 가지고 있는 감각에 관한 고민과 고민을 해결하는 방법을 주변에 알리기 어렵고 주변 사람들 역시 이해하기 어렵다.

〈보호자〉

보호자는 주로 두 가지를 고민한다.

하나는 내 아이가 왜 그런 말과 행동을 하는지 이해하지 못한다는 점이다. 자녀가 하는 말과 행동이 다른 아이들과 다르다는 사실은 인지하지만, 그 이유를 잘 모르겠다는 것이다. 자녀가 발달장애인일지 모른다고 걱정하는 부모 중에는 이런 고민을 가진 분이 많다.

또 하나는 주변 사람들에게 이해와 협력을 얻고자 고군분투하지만, 그 끝이 보이지 않는다는 점이다. 아이 특성과 해결 방법을 잘 알고 있지만, 주변에서 이해와 협력을 얻지 못하고 있다. 어머니는 자녀가 스트레스를 받지 않고 지낼 수 있는 환경을 잘 이해하고 있지만, 아버지는 자녀가 또 다른 환경에서 지냈으면 좋겠다고 생각한다. 이처럼 부모 사이에서 의견이 통일되지 않는 경우는 흔히 볼 수 있다(물론 반대인 경우도 있다). 부모가 자녀를 이해하고 대하는 행동이 조부모나 친척의 눈에는 응석을 받아주는 것처럼 보이기도 한다. 학교에 이해와 협력을 요청했지만, 아이를 특별히 대우할 수는 없다며 학교가 거절하는 경우도 있다. 사례는 다양하다.

〈학교 · 직장 관계자〉

학교와 직장 관계자는 **여력이 없다**고 토로한다. 학교 선생님이든 직장 상사든 할 수만 있다면 발달장애 당사자를 돕고 싶어 한다. 다양성이 중요하다는 사실 또한 잘 알고 있다. 하지만 눈앞에 닥친 업무로도 벅차 더 이상 부담을 늘리고 싶지 않기도 하다. 그래서 섣불리 발달장애인을 지원할 상황을 만들지 못하는 곤란한 상황에 놓여 있는 듯하다.

지금까지 내가 연구한 내용

한 영역에 국한하지 않고 연구를 진행하다

지금까지 언급한 바와 같이 당사자, 보호자, 학교 및 직장 관계자는 각자 고민을 안고 있다. 이런 고민을 해결하는 데 도움이 되고 싶은 마음은 연구를 계속할 수 있는 원동력이 됐다.

나는 원래 임상 심리학을 공부해 상담사가 되고 싶었다. 하지만 공부하는 과정에서 우여곡절을 겪은 끝에 실험 심리학을 선택했다. 학교를 졸업한 뒤 박사 연구원(대학원에서 박사 후기 과정인 '닥터 코스'를 수료한 후에 취직하는 임기제 연구직)으로 일하면서부터는 촉각에 관한 지각 계통을 다루는 심리학 실험, 뇌 영상 분석, 아주 작은 신경 세포 단위에서 이뤄지는 움직임 탐구, 쥐 행동 약리 실험 등 다양한 영역으로 관심을 넓혀 갔다.

그러다 '들어가며'에서도 언급한 바와 같이, 발달장애인 보호자 모임에서 연구 내용을 발표했던 일을 계기로 발달장애인들이 가진 지각 능력에 관한 '이유'를 밝혀 세상에 공헌하고 싶다는 생각이 싹텄다. 그 뒤로 발달장애인 보호자 모임에 자주 참여했고, 거기서 무엇이 문제인지 이야기를 들었다.

　당사자가 일상생활 속에서 느끼는 어려움과 조금이라도 직접 관련한 연구가 하고 싶었다. 모임에서 감각에 관한 문제가 종종 화제에 올랐다. 연구를 진행하면서 작업 치료를 하는 임상 전문가와 연계하면 좋겠다는 아이디어가 떠올랐다. 평소에 임상 현장에서 여러 당사자를 대하는 작업 치료사와 연계하면, 당사자가 안고 있는 어려움에 관한 정보를 취하면서 연구할 수 있을 것 같았다.

　이런 작업을 통해 나는 당사자가 감각 문제뿐 아니라 운동에 관해서도 고민하고 있으며, 감각 문제와 운동 문제 사이에는 어떤 연결고리가 있다는 점을 깨달았다. 지금은 발달장애인이 안고 있는 감각 과민이나 발달성 협응 장애에 관해서도 함께 연구하고 있다.

　다양한 분야를 연구하고 있는 가운데 내 전문 분야를 굳이 꼽아보자면 실험 심리학과 신경 과학이다.

　실험 심리학은 실험을 통해 심리 상태를 이해하려는 학문이다. 연구 대상(=WHAT)은 지각, 인지, 생리, 행동 등 다양하며, '실험'이라는 연구 방법(=HOW)이 핵심이다. 실험 내용은 다양하다. 발달장애인 당사자에게 도움을 받아 활동 중인 뇌 기능을 MRI로 조사해 보기도 하고, 유전자를 변형한 쥐를 이용해 행동을 해석하기도 한다.

　신경 과학은 뇌와 척수, 중추 신경, 말초 신경을 포함한 신경계 전반을 연구하는 학문이다. 신경 구조와 기능 등을 주요 연구 대상으로 삼으며, 뇌가 어떻게 만들어지고 질서를 갖춰 가며 기능하는지 등을 공부한다.

대학에 들어온 이후, 지금까지 흥미와 관심을 두고 공부한 것들은 모두 '감각의 통합', 즉 내 몸이 어떤 상태인지를 탐구한다는 핵심 주제로 이어졌다. 전문성을 추구하는 경향이 강한 연구자의 세계에서 내가 연구한 내용은 꽤 영역을 넘나드는 견해로 비치기 쉽다.

다만 전문적으로 탐구한다기보다는 내 연구가 발달장애인이 누리는 행복에 얼마나 공헌하고 있느냐는 관점을 중요시한다면, 모든 내용을 밝히고 싶다는 연구열에 불타올라 결국은 영역을 넘나들며 연구할 수밖에 없다.

누구를, 무엇을 위한 연구 결과인가

UN은 4월 2일을 '세계 자폐인의 날'로 지정했다. 매년 이날부터 일주일 동안을 '발달장애 인식 주간'으로 삼고 세계 각지에서 '파란 빛을 밝혀요(Light it up blue)' 행사를 연다. 이 기간에는 전 세계가 주요 건물들을 파랗게 조명하며, 발달장애를 이해하기를 촉구한다.

내가 근무하는 연구소가 있는 사이타마현 도코로자와시에서도 매년 항공 기념 공원에 전시된 YS-11 여객기에 조명등을 설치한다. 나 또한 몇 년째 힘을 모아 이 행사를 운영하는 사람들 가운데 한 사람으로서, 비장애인을 대상으로 한 심포지엄을 기획해 발달장애에 관한 인식을 확산하는 데 힘쓰고 있다.

단순한 연구에 그치지 않고 많은 사람과 교류하려는 이유는 무엇일까? 날이 갈수록 연구 결과를 전달하는 일이 얼마나 중요한지를 더욱 실감하고 있기 때문이다. 연구는 그 결과를 줄곧 기다려 온 사람들을 위한 것이다. 내 경우는 발달장애인 당사자들, 보호자들, 그리고 주변 사람들이 여기에 해당한다.

또한 연구는 그 결과를 애타게 기다리는 사람들에게 기쁨과 희망을 안겨줄 수 있어야 한다. 모처럼 나온 연구 결과가 연구자 본인이나 학문적인 흥미와 관심을 가진 사람들에게 국한된다면 아무런 의미가 없다. 그래서 나는 최대한 많은 사람을 만나려고 한다.

만약 어떤 작업 치료사에게 연구 결과를 전달한다면 임상 현장에서 발달장애인들이 생활을 개선하고 문제를 해결하는 데 연구 결과가 도움이 될 가능성이 있다. 그리고 작업 치료사가 연구 결과를 활용한 다음 피드백을 해 주면, 나는 그 내용을 다음 연구에 참고할 수 있다. 선순환이 일어나는 셈이다.

하지만 발달장애 분야는 연구와 임상이 잘 연계돼 있지 않다는 느낌이다. 양쪽이 조금 더 활발하게 아이디어를 공유하면 좋겠다. 이 책은 다양한 사람들과 연계하고자 집필한 책이기도 하다.

제2장

발달장애란 무엇일까?

분위기 파악을 잘 못해 주변 사람들에게 미움을 받는 나

　A 군은 휴일에 어머니와 공원에 나왔다. 먼저 공원에 와 있던 어린이집 친구들은 술래잡기하며 같이 노는데, A 군은 혼자 모래를 만지며 놀고 있다.

　　어머니: 저기 같은 반 친구들이 있네? 모래놀이는 그만하고 얼른 친구들에게 가 봐.
　　A 군: 응. (대답하면서도 계속 모래를 만지고 있다.)
　　어머니: 친구들이 같이 술래잡기하재. 친구들이랑 놀기 싫어?
　　A 군: 싫어.

　　– 1시간 후 –

　　어머니: 점심 시간이니 우리도 그만 갈까? 친구들도 다 집에 갔어.
　　A 군: 조금만 더 놀래!
　　어머니: 안 돼. 충분히 놀았잖니.
　　A 군: 싫어! 더 놀 거야!
　　어머니: 안 된다고 했지!
　　A 군: 싫어! 싫단 말이야!

어머니: 어서 일어나! 집에 갈 거야. (늘 이런 식이네. 역시 다른 집 아이들과는 다른 걸까?)

A 군: 으앙! (재밌어서 계속 놀고 싶단 말이야. 왜 그만둬야 해?)

대학을 졸업한 A 군은 회사에 들어간 지 3개월 만에 상사와 첫 개인 면담을 했다.

상사: 입사하고 나서 그동안 고생했네.

A 군: 감사합니다!

상사: 열심히는 하고 있는데 말이지.

A 군: 네.

상사: 직속 선배에게 좀 이상한 말을 했던데.

A 군: 제가요?

상사: "이 일을 해서 무슨 의미가 있나요?"라고 했다지?

A 군: 아, 그거요.

상사: 말을 할 땐 조심해야지. 자네 동기들도 힘들어한다고. (아무리 신입 사원이라지만, 이렇게나 세상 물정을 모르나?)

A 군: 죄송합니다.

상사: 그리고, 실수도 너무 많아.

A 군: 그렇습니까?

상사: 단골 거래처 이름은 틀리면 안 된다고 여러 번 얘기했잖나. 그런데도 틀리면 어떡해?

A 군: 그러셨죠.

상사: 사회인이 상대방 이름을 틀리면 안 되지. 이건 기본이잖아.
(이런 말까지 해야 하다니.)

A 군: 정말 죄송합니다. (다른 사람들은 할 수 있는데 왜 나는 안
될까? 역시 난 평범하지 않은 걸까?)

A 군은 분위기 파악을 하지 못하는 원인을 인터넷에서 찾아보고
는 자신에게 발달장애가 있는지도 모른다고 생각했다. 그래서 용기
내 발달장애 전문과를 찾아가 외래 진료를 받기로 했다.

A 군: 생각해 보면 저는 어렸을 때부터 남들과 조금 달랐던 것 같
습니다.

의사: 왜 그렇게 생각했나요?

A 군: 친구들과 잘 어울리지를 못하고 늘 혼자 놀았어요. 부모님도
항상 뭐가 문제냐고 하셨고요.

의사: 그렇군요.

A 군: 얼마 전에는 직장 상사에게 제가 남들과 좀 다른 것 같다는
말을 들었는데, 그 말이 마음에 걸립니다.

의사: 그런 말을 듣고 기분이 어땠나요?

A 군: 혹시나 하기는 했지만, 사실일지도 모른다고 생각했습니다.
발달장애인가? 하고요.

의사: 그 부분은 심리 검사로도 확인할 수 있습니다. 어떻게 하시 겠습니까?

A 군: 받아 보겠습니다.

— 진단 결과가 나온 뒤 —

의사: 상담 내용과 검사 결과를 종합해 봤을 때, A 군은 '자폐 스펙 트럼 장애' 경향이 있는 것 같습니다.

A 군: 자폐 스펙트럼 장애요?

의사: 맞습니다. 지금이야 처음 아셨으니 놀라실 수 있습니다. 하 지만 자폐 스펙트럼 장애는 병이 아닙니다. A 군이 지닌 특 성이라 생각하며 어떻게 상황을 마주해 나갈지 함께 방법을 찾아봅시다.

A 군: 감사합니다.

의사: A 군, 이 세상에 원래 '평범한 사람'은 없답니다.

A 군: 그런가요?

의사: 모두가 다 똑같을 수는 없죠. 그러니 시간을 두고 천천히 방 법을 찾아봅시다.

A 군: 그렇군요. 앞으로 잘 부탁드립니다. (진단 결과를 듣고 충격 을 받았지만, 사실을 알게 돼 안심이야.)

'우리 아이는 다른 아이들과 다른 것 같다.'
'나는 다른 사람과 다른 것 같다.'

다른 사람과 다르다면, 어쩌면 발달장애일지도 모른다.
그렇다면 발달장애란 무엇일까?
발달장애인이라 불리는 사람들은 어떤 특성이 있을까?
또한 발달장애인과 그렇지 않은 사람 사이에 경계선이 있을까?
'혹시'하는 생각이 들 때 떠오르는 발달장애에 관한 다양한 의문
을 지금부터 설명한다.

발달장애의 개요

아는 줄 알았는데 사실은 모르는 '발달장애'

최근 '발달장애'라는 말이 널리 알려졌다. 또한 '주의력 결핍-과잉행동장애(AD/HD)', '아스퍼거 증후군'이라는 표현도 자주 접한다. 하지만 이런 표현을 언급하는 사람 대부분은 실제 뜻이나 구체적인 내용은 제대로 모르리라 생각한다.

이번 장에서는 '발달장애'가 어떻게 정의되는지 설명하고, '발달장애'와 '주의력 결핍-과잉행동장애', '아스퍼거 증후군'은 어떤 관계인지 알아보고자 한다.

자폐성장애, 학습장애, 주의력 결핍-과잉행동장애 등을 포괄하고 있다

2005년 4월에 시행된 〈발달장애인 지원법〉[1]에서는 '발달장애'를

---

1 일본 법령 제2조에 해당하는 내용으로써, 우리나라의 경우 [발달장애인 권리보장 및 지원에 관한 법률(약칭: 발달장애인법)]이 있다. 이 법률에서 발달장애인은 '장애인복지법' 제2조 제1항의 장애인-'장애인'이란, 신체적·정신적 장애로 오랫동안 일상생활이나 사회생활에서 상당한 제약을 받는 자를 말한다.-을 가리킨다.

다음과 같이 정의한다.

'자폐성장애, 아스퍼거 증후군, 기타 전반적 발달장애, 학습장애, 주의력 결핍-과잉행동장애, 기타 이와 비슷한 뇌 기능 장애로 그 특징이 일반적으로 낮은 연령 시기에 발달하는 것으로서 정령으로 정한 것' (정의, 제2조 발췌)

즉, 자폐성장애, 아스퍼거 증후군, 학습장애(LD), 주의력 결핍-과잉행동장애(AD/HD) 모두 '발달장애'라는 표현이 포함한다.

발달장애의 개요

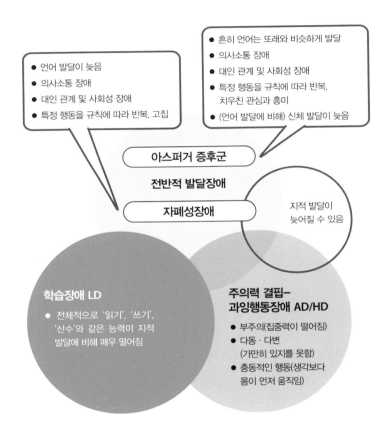

언어 발달이 늦음
의사소통 장애
대인 관계 및 사회성 장애
특정 행동을 규칙에 따라 반복, 고집

흔히 언어는 또래와 비슷하게 발달
의사소통 장애
대인 관계 및 사회성 장애
특정 행동을 규칙에 따라 반복, 치우친 관심과 흥미
(언어 발달에 비해) 신체 발달이 늦음

아스퍼거 증후군
전반적 발달장애
자폐성장애

지적 발달이 늦어질 수 있음

학습장애 LD
전체적으로 '읽기', '쓰기', '산수'와 같은 능력이 지적 발달에 비해 매우 떨어짐

주의력 결핍-과잉행동장애 AD/HD
부주의(집중력이 떨어짐)
다동 · 다변 (가만히 있지를 못함)
충동적인 행동(생각보다 몸이 먼저 움직임)

※ 이 밖에도 뚜렛 증후군, 말더듬 등도 발달장애에 포함

《정신 질환 진단 및 통계 편람》제5판(《DSM-5》)이 채택된 이후 전반적 발달장애는 자폐 스펙트럼 장애(Autism spectrum disorder:ASD)로 명칭이 바뀜(41쪽 참조).

발췌: 일본 국립 재활 센터 발달장애 정보 및 지원 센터 HP

각 장애의 진단명과 특성

그렇다면 각 장애는 어떤 특성이 있을까? 〈발달장애인 지원법〉에 정의된 각 장애의 진단명과 특성을 설명하기로 한다.

미리 이야기하지만, 서두에서 설명한 자폐성장애, 아스퍼거 증후군, 전반적 발달장애와 같은 명칭은 현재 모두 자폐 스펙트럼 장애라는 이름으로 불린다. 하지만 언제 진단을 받았느냐에 따라 옛날 이름으로 진단을 받은 사람들도 많다. 그런 사람들까지 쉽게 이해할 수 있도록 하나씩 설명하기로 한다.

■ 자폐성장애

자폐성장애에는 다음과 같은 특성이 있으며, 만 3세 전에 특성을 보인다.

· 언어 발달이 늦음

· 의사소통 장애

· 대인 관계 및 사회성 장애

· 특정 행동을 규칙에 따라 반복, 고집, 치우친 흥미와 관심

■ 아스퍼거 증후군

대인 관계 및 사회성에 장애가 있고, 특정 행동을 규칙에 따라 반복하고 고집하며, 치우친 흥미와 관심을 보인다는 점은 자폐성장애와 동일하다.

언어는 또래와 비슷하게 발달한다. 그러나 언어 발달에 비해 신체 발달이 늦다.

■ 전반적 발달장애

앞서 말한 자폐성장애, 아스퍼거 증후군을 아우르는 이름이다. 그 밖에도 레트 증후군(유아기부터 외부 자극에 대한 반응이 없어 지적장애 등이 의심된다), 소아기 붕괴성 장애(장애 없이 발달한 아이가 성장 과정에서 배운 능력을 갑자기 잃어버려 지적장애를 동반한 자폐성장애 비슷한 상태가 된다), 기타 특정할 수 없는 전반적 발달장애를 두루 일컫는 말이다. [주: 해당 내용은 2013년까지 해당. 이유는 41쪽 참조]

■ 주의력 결핍-과잉행동장애(AD/HD)

AD/HD라고 표기하기도 한다. 주의력 산만, 나이나 발달 단계와 맞지 않는 다동성과 충동성, 혹은 양쪽 모두가 특징이다. 이 세 가지 특성은 보통 만 7세 이전에 나타난다.

(1) 주의력 산만(자신도 모르게 같은 실수를 반복한다)

(2) 다동·다변(무언가를 기다리기가 어려워 몸을 움직이거나 말을 끊임없이 한다)

(3) 충동적 행동(약속이나 규칙을 잘 지키지 못하고 안달을 내거나 자주 짜증을 낸다)

다동이나 부주의와 같은 특성은 보통 초등학생 때 나타나며 사춘기 이후에는 사그라든다고도 한다.

■ 학습장애(LD)

보통 지적 발달이 늦지는 않지만, 읽기, 쓰기, 산수와 같은 특정 능력을 사용해 공부하거나 어떤 일을 하는 것을 매우 어려워하는 상태를 가리킨다.

■ 뚜렛 증후군(TS)

다양한 종류의 운동 틱(눈을 깜빡이거나 얼굴을 찌푸리거나 머리를 흔들거나 어깨를 움츠리는 등, 갑자기 일어나는 빠른 반복 운동)과 하나 이상의 음성 틱[헛기침 혹은 콜록거리거나 킁킁거리는 모습이 비교적 두드러지고, 때로는 이상한 소리를 내거나, 나아가 무의식 중에 부적절한 말을 하는 일(모욕증Coprolalia)]이 1년 이상 계속되는 심한 틱 장애이다.

틱 장애는 이런 운동이나 발언이 당사자 의사와는 관계없이 멈추지 않는다는 특징이 있다. 보통은 유아기나 아동기, 사춘기에 나타나며 대부분은 성인이 되면서 점차 나아진다.

■ 말더듬

흔히 '말을 더듬는' 장애이다. 나이나 언어 능력에 비해 말이 매끄럽지 않거나 어려워하는 상태로, 다음과 같은 특징을 하나 이상 띤다.

(1) 반복 : 단음이나 낱말 일부를 반복한다. (예: 어, 어, 어, 어제)

(2) 연장 : 낱말 일부를 길게 발음한다. (예: 어-제)

(3) 지연 : 낱말을 처음 말할 때 머뭇댄다. (예: 그……어제)

특성은 대부분 유아기에 처음 나타나는데 사춘기 무렵 눈에 띄기도 한다. 유아기 때부터 말을 더듬기 시작한 사람 가운데 절반 이상은 초등학생 내지는 성인이 되면 특성이 사라지거나 완화되는데, 간혹 성인이 된 다음에도 말을 계속 더듬는 사람도 있다.

※ 각 장애의 정의에 관한 해설은 일본 국립 장애인 재활 센터 발달 정보 및 지원 센터 누리집(http://www.rehab.go.jp/ddis/understand/definition/)을 참고.[2]

명확하지 않은 '경계선'

장애는 '경계선'이 명확하지 않다는 사실을 이해할 필요가 있다. 여기에는 몇 가지 이유가 있다.

첫째, 각 장애는 그 특성이 조금씩 겹치는 경우가 많다. 자폐성장애와 아스퍼거 증후군은 특성이 대부분 겹치고, 주의력 결핍-과잉행동장애(AD/HD)에서는 학습장애(LD) 특징(읽기, 쓰기, 계산 등을 매우 어려워함)이 눈에 띄기도 한다.

---

2 우리나라는 '장애인복지법 시행령' 제2조의 [별표 1]에서 장애의 종류 및 기준을 설명하고 있다.

둘째, 나이나 환경에 따라 눈에 띄는 특성이 바뀌므로, 진단을 받은 시기에 따라 진단명이 달라지기도 한다.

셋째, 개인차로 인한 문제다. 개개인이 지닌 개성을 단순히 하나로 묶을 수 없는 것과 마찬가지로 누구는 '경계선'을 기준으로 이쪽, 누구는 저쪽에 해당한다고 명확하게 구분할 수 없다.

그러므로 36쪽의 그림 '발달장애의 개요' 또한 당사자가 안고 있는 장애 특성을 이해할 수 있도록 대략적인 틀로 만들어 제시한 그림으로 받아들이며 접근해야 한다.

2013년을 기준으로 '전반적 발달장애'는 '자폐 스펙트럼 장애'로 바뀌었다

발달장애 연구는 36쪽의 개요 그림에서 제시한 분류를 참고로 이뤄진다. 이 가운데 내 전문 분야는 '자폐성장애', '아스퍼거 증후군'을 두루 일컫는 '전반적 발달장애' 영역이다. 실험 심리학(실험을 위해 통제한 환경에서 행동 반응을 측정해 심리를 이해하고자 하는 학문)과 신경 과학(뇌와 척수, 중추 신경, 말초 신경을 포함한 신경계 연구)을 축으로 하여 매일 연구를 진행한다.

'전반적 발달장애'는 2013년부터 '자폐 스펙트럼 장애Autism spectrum disorder(ASD)'라는 이름으로 불리게 됐다.

'전반적 발달장애'에서 '자폐 스펙트럼 장애'로

자폐 스펙트럼 장애(ASD)
자폐성장애, 아스퍼거 증후군 등을 포함

특정 학습장애 (SLD)

주의력 결핍– 과잉행동장애 AD/HD

《DSM-5》표기 기준

　이름은 미국 정신의학회가 《정신질환 진단 및 통계 편람》 제5판 (통칭 《DSM-5》)을 발행하면서 바뀌었다(2013년 5월에 미국에서 발행했고, 일본에서는 2014년 10월에 번역했다). 제4판(DSM-4-TR)까지 '전반적 발달장애'로 불리던 영역이 제5판에서 '자폐 스펙트럼 장애Autism spectrum disorder(ASD)'로 새롭게 정의된 것이다.

　《DSM-5》에서 굳이 '자폐 스펙트럼 장애'라는 새로운 용어를 사용한 이유는 무엇일까? 여기에는 크게 두 가지 이유가 있다.

　우선 '스펙트럼'이라는 말이 그 속에 개개인의 특성을 한 낱말로 표현하기 어렵다는 뜻을 담고 있기 때문이다. 스펙트럼은 '전자파, 신호, 소리, 빛과 같은 성분을 분해하여 파장에 따라 순서대로 나열한 것'이다. 예를 들어 보자. 우리 눈에 보이는 빛의 파장(가시광선)은 약 360~830나노미터[주: 1나노미터=10억분의 1미터]다. 우리는 이를 보라색에서 빨간색으로 변하는 것으로 인식한다. 가시광선 범위보다 짧은 파장에 속하는 빛은 자외선, 긴 파장에 속하는 빛은 적외선이다. 서로 다른 파장의 빛이 섞인 무지개처럼, '자폐 스펙트럼 장애'라는 표현은 개인 특성에는 다양한 측면이 포함돼 있다는 뜻을 담고 있다.

　또 하나는 '스펙트럼'이라는 말에는 그 특성이 나타나는 강도에 개인차가 크다는 의미도 포함돼 있기 때문이다. 자폐 스펙트럼 장애 진단과 관련이 있는 특징은, 진단받지 않은 사람(비장애인)도 가지고 있다. 자폐 스펙트럼 장애 경향이 약한 비장애인부터 그 경향이 강한 비장애인 가운데, 경향이 강한 쪽은 다양한 이유를 근거로 들어 자폐 스펙트럼 장애 진단을 받기도 한다. 즉 특성은 정도가 확실하게 나뉘어 있는 것이 아니라 짙고 연한 그러데이션처럼 퍼져 있다.

진단 기준에 새로 추가된 '감각 과민', '감각 저하'

2013년 미국에서 발행한 《DSM-5》을 통해 '전반적 발달장애'라는 표현을 '자폐 스펙트럼 장애'라는 용어로 바꿨다. 이때 진단 기준도 개정했다. 개정한 내용 가운데 핵심은 '입력된 감각에 반응하는 특성', 구체적으로는 '감각 과민', '감각 저하'가 중요한 진단 기준이 됐다는 점이다.

《DSM-5》에서는 자폐 스펙트럼 장애를 진단하는 기준을 크게 두 가지로 나눴다.

① 사회적 의사소통 및 상호 관계의 지속적인 장애
· 사회적 상호 작용이 어려움(대화 등)
· 비언어적 의사소통의 어려움
· 대인 관계를 구축하고 유지하기가 어려움(행동 조절 등)

② 제한적이고 반복적인 행동, 흥미, 활동
· 상동성(반복 행동 등)
· 좁은 흥미 범위
· 동일성에 대한 집착(변화에 대한 불안 등)

　나아가 ②에 관해서는 '감각 자극에 따른 민감함이나 둔감함, 또는 주변 환경의 감각 영역에 관한 남다른 흥미'와 같은 내용도 추가됐다. 이를 통해 많은 전문가가 '자폐 스펙트럼 장애인이 겪는 고충과 고민을 파악한 뒤 감각 과민과 감각 저하를 이해하는 일이 매우 중요하다'는 것을 인식하게 됐다.

'감각 과민'이란?

　자폐 스펙트럼 장애인이 겪는 감각 과민이란, 문자 그대로 '비장애인보다 감각이 매우 민감한 상태'를 가리킨다.

　공중화장실에 설치된 핸드 드라이어를 예로 들어 보자. 누군가 물에 젖은 손을 내밀면, 핸드 드라이어는 '윙'하는 소리와 함께 바람으로 손에 묻은 물기를 없애 준다. 이때 기계가 내는 소리가 결코 작은 소리는 아니지만, 비장애인에게는 신경 쓰일 만큼 큰 소리도 아니다. 또한 바람도 제법 센 편이지만, 물기를 날려 버려야 하니 그 세기가 너무 약해서도 안 될 것이다. 하지만 자폐 스펙트럼 장애인 가운데에는 기계가 내는 소리와 바람을 모두 두렵게 느끼는 사람이 있다. '갑자기 기계에서 소리가 난다고 생각하니 무서워서 공중화장실을 이용하기가 망설여진다'고 생각하는 사람도 있을 정도다.

　그 밖에도 '핸드크림이나 점토는 촉감이 기분 나빠 만지기 싫다', '조명등이 너무 밝아 눈이 아프다', '음식에 싫어하는 재료가 조금이라도 들어 있으면, 음식을 입에 넣는 순간 기분이 나빠진다' 등 다양한 사례가 있다.

감각 과민 그리고 정반대인 감각 저하는 이 책에서 가장 중요한 핵심 표현이다. 따라서 제3장부터는 '발달장애인이 왜 그런 감각에 빠지는지', '생활 속 어떤 상황에서 괴로움이나 고통을 느끼는지', '그리고 그런 감각을 능력으로 탈바꿈해 활용할 수 있는지'에 관해 자세히 설명하기로 한다.

제3장

**최근 연구로 밝혀진
발달장애인의 눈에 비친 세상**

다른 사람과 느끼는 방식이 다른 것 같은 기분인데, 왜일까?

새 학기 급식 시간. '잘 먹겠습니다'라고 외친 뒤 열심히 숟가락을 움직이는 다른 아이들과는 달리, B 군은 손을 움직일 생각을 하지 않는다.

친구: 안 먹어?

B 군: 응.

친구: 혹시, 편식해?

B 군: 으, 응…….

친구: 햄버그스테이크도 싫어?

B 군: 응, 못 먹어.

친구: 대박, 햄버그스테이크가 왜 싫지? 다들 좋아하는 음식이잖아! 혹시 옥수수수프나 바나나도 싫어?

B 군: 못 먹어.

친구: 선생님! B가 급식 안 먹는대요!

선생님: 싫어하는 음식이라도 조금만 먹어보렴. 생각보다 맛있어.

B 군: 그렇지만, 정말 싫어요.

선생님: 어쩔 수 없지. 앞으로는 하나씩 시도해 보자. (편식이 심한 아이네. 지금까지 집에서 떠받들며 키웠나 봐.)

B 군: 죄송합니다. (어쩔 수 없잖아. 짜고, 뜨겁고, 입안이 미끌미끌
　　　해서 도저히 못 먹겠어.)

학교에서 돌아온 B 군을 어머니가 맞이한다.

어머니: 어디서 이렇게 다쳤어?

B 군: 응? 뭐가?

어머니: 왼쪽 정강이 말이야. 멍이 크게 들었잖니.

B 군: 아, 진짜네? 멍이 왜 생겼지?

어머니: 어디 부딪혔니?

B 군: 음, 그러고 보니, 오늘 운동장에서 넘어졌을 때 돌에 부딪히
　　　긴 했어.

어머니: 이렇게 멍이 심하게 들었는데, '그러고 보니'라는 말이 나
　　　오니? 정말 괜찮아? 어떻게 모를 수가 있니? (우리 아이는
　　　다른 아이들이랑 좀 다른 것 같아. 뭐가 다른 거지?)

B 군: 진짜 괜찮아. (솔직히 완전 아무렇지도 않은데. 역시, 나는 좀
　　　이상한 걸까?)

'우리 아이가 다른 아이들에 비해 감각이 민감(혹은 둔감)한 것은
아닐까?'

'내가 다른 사람들보다 민감(혹은 둔감)한 것은 아닐까?'

이런 고민을 가진 장애인이나 주변 사람들이 적지 않다. 감각이 민

감하거나 둔감한 것을 전문 용어로 '감각 과민', '감각 저하'라고 부르는데, 현재 자폐 스펙트럼 장애인의 세계를 이해하는 데 가장 주목해야 할 특성이다.

감각 과민과 감각 저하는 특성이 정반대이지만, '두 특성을 모두 가진' 사람도 있어 감각 문제를 더욱 복잡하게 만든다. 이 부분을 자세히 설명하기로 한다.

감각 과민과 감각 저하

자폐 스펙트럼 장애 아동 대부분이 안고 있는 '감각 문제'

　자폐 스펙트럼 장애 아동 대부분이 감각 문제를 안고 있다. 다음 그림은 감각 문제를 단적으로 나타낸 것이다.

그림: 호소오 지아키(NPO 법인 플루스알루하)

그림은 'NPO 법인 플루스알루하pulusualuha'의 호소오 지아키 씨 (이하 '지아키 씨')가 그린 작품이다. NPO 법인 플루스알루하는 정신과 의사와 간호사가 모여 만든 프로젝트 팀이다. 이들은 그림책이나 웹 사이트와 같은 콘텐츠를 제작하고 보급하며 정신장애나 불안장애, 발달장애를 고민하는 부모와 그 자녀를 돕는다. 지아키 씨는 정신과 병동을 거쳐 지방 정신과 클리닉에서 간호사로 근무하고 있다. 자신 또한 감각 과민으로 고생하는 당사자다. 그렇기에 자폐 스펙트럼 장애 아동이 겪는 어려움을 누구보다 잘 이해하며 그림으로 표현할 수 있었다.

'핸드 드라이어 바람이 손에 닿으면 아프다.' (촉각)
'사람들 사이에 있으면 꼭 들어야 할 소리를 듣지 못한다.' (청각)
'음식에 싫어하는 재료가 조금이라도 들어 있으면, 음식을 입에 넣는 순간 기분이 나빠진다.' (미각)
'핸드크림이나 점토는 촉감이 기분 나빠 만지기 싫다.' (촉각)
'햇살에 눈이 부셔 눈을 뜰 수 없다.' (시각)

자폐 스펙트럼 장애인은 오감 전체에 걸쳐 감각 문제를 안고 있다. 2017년 미국에서 실시한 조사에 따르면, 자폐 스펙트럼 장애 아동 (10~14세) 116명 중 무려 92% 이상이 '감각에 문제가 있다'라고 대답했다(Green 외, 2017년 ADI-R[3], SSP[4]를 기반으로 한 평가).

조사 규모는 작지만 2009년 미국에서 자폐 스펙트럼 장애인(어른 포함) 18명을 대상으로 감각 문제 정도를 평가한 설문 조사에 따르면 무려 94.4%에 해당하는 사람이 '감각 과민에 관한 특성'을 띠고 있었다. 조사 결과를 토대로 90%가 넘는 자폐 스펙트럼 장애인이 감각 과민이나 감각 저하와 같은 문제를 안고 있다고 볼 수 있다.

52쪽 그림에는 '전구가 깜빡이는 것이 신경 쓰인다'(시각)라는 장면이 있다. 즉 자폐 스펙트럼 장애인은 이런 '문제'뿐 아니라 웬만한 사람은 느끼기 힘든 자극을 받아들이는 풍부한 감수성도 지녔다. 이 특성은 때때로 '굉장한 능력'으로 이어지기도 하는데, 설명은 제5장부터 자세히 하기로 한다.

원인은 유전일까? 환경일까?

자폐 스펙트럼 장애인이 감각 과민을 안고 있는 이유는 유전(선천적) 때문일까? 아니면 환경(후천적) 때문일까? 지금까지 한 연구에서는 자폐 스펙트럼 장애와 감각 과민이 나타나는 가장 큰 원인으로 유전을 꼽아 왔다.

그 근거로 스웨덴에서 2018년에 발표한 연구 결과를 들 수 있

---

3 자폐성장애 진단 면담지. 아동의 부모/보호자를 면담하는 과정을 통해 유아기 자폐성장애를 비롯한 전반적 발달장애를 진단하는 도구

4 단축 감각 프로파일

다. 스웨덴 국내에서 무작위로 선정한 쌍둥이 1만 2,625쌍(일란성: 3,586쌍, 이란성: 4,429쌍)에게 자폐 스펙트럼 장애 특성과 감각 과민의 강도를 확인하는 질문지를 작성하게 했다. 그리고 자폐 스펙트럼 장애 특성을 가진 사람과 감각 문제를 안고 있는 사람이 얼마나 겹치는지 또한 조사했다.

유전적 요인이 미치는 영향력을 조사하는 데 '일란성인지 이란성인지' 구분하는 것이 중요하다. 100% 일치하는 유전자를 가진 '일란성 쌍둥이'와 유전자가 다른 '이란성 쌍둥이'를 두고 각 상관관계를 비교해, 유전적 요인과 환경적 요인 가운데 어느 것이 더 큰 영향을 미치는지 확인했다. 그 결과 자폐 스펙트럼 장애 특성과 감각 과민이 동시에 발생할 비율은 약 70% 정도라는 사실이 밝혀졌다.

반면 위 연구에서 '감각 저하'는 조사하지 않았다. '감각 과민'과 '감각 저하' 두 개념 가운데 '감각 저하'는 아직 연구 대상으로서 충분히 검토되지 않았다는 사실을 알 수 있다.

기술 혁신에 힘입어 '감각 문제'가 밝혀지다

2000년 이전까지 감각 과민을 다룬 해외 논문은 대부분 작업 치료 분야와 관련한 것이었다. 작업 치료 전문가가 진행한 자폐 스펙트럼 장애 감각에 관한 연구에서는 주로 질문지나 임상용 평가를 이용해 당사자가 가진 특성의 정도를 평가한다. 평가한 감각 특성의 정도를 통계에 따라 분석하고, 감각 문제 혹은 문제 이면에 숨은 요인이 의사소통, 상동 행동, 불안과 같은 기타 증상과 어떻게 연결돼 있는지를 밝혀내고자 노력했다.

2000년대 중반 이후로는 실험 심리학, 신경 과학 분야 연구자가 참가한 논문이 눈에 띈다. 나 또한 여기에 속한다. 실험적인 방법을 구사하며 다른 사람이 포착하기 힘든 감각에 관한 특성을 깊이 이해하고 그 특성 정도를 객관적으로 밝히고자 애를 썼다.

때마침 등장한 '기능적 자기 공명 영상(fMRI)'은 실험 심리학, 신경 과학 분야 연구자가 실험적인 방법을 구사하는 데 크게 기여했다. fMRI는 MRI가 불러오는 뇌 구조에 관한 정보와 더불어 뇌 활동이 발생한 부위를 추정해 영상으로 보여준다. fMRI가 등장하기 전에는 뇌 신경 활동이 일으키는 전자기 현상을 MRI로 직접 검출하는 일이 기술 수준으로 보아 불가능에 가깝다고 여겼다.

그러다 1990년대 무렵, 뇌 생리 현상이 바뀔 때마다 함께 변화하는 성분이 MRI 신호에서 미세하게나마 관찰됐고, 이런 변화는 뇌 기능 활동과 관련한 것이라는 사실이 점차 확인됐다.

2000년대에는 fMRI를 이용한 연구가 활발해져서, 인지 활동이나 행동과 관련한 뇌의 원리와 구조를 밝히는 수단으로 적극적으로 활용했다. 가령 '실험 대상의 손에 진동을 주었을 때, 뇌 속에 있는 부위 가운데 촉각 처리와 관련한 몸 감각 영역somatosensory area에서 어떤 신경 활동이 얼마만큼 강하게 일어나는가?'와 같은 질문을 연구를 통해 평가할 수 있게 됐다.

기술이 발전한 덕분에 지금은 자폐 스펙트럼 장애인이 안고 있는 감각 문제를 예전보다 높은 수준에서 설명할 수 있다.

자극에 다르게 반응하다 – '감각 과민'과 '감각 저하'

지금부터는 이 책에서 가장 중요한 키워드인 감각 과민과 감각 저하를 자세히 설명하고자 한다.

먼저 감각 과민을 알아보자. '주변 소리나 냄새, 맛, 접촉 등 외부 자극을 과도하게 느껴 심한 통증과 함께 불쾌감을 느끼는 상태'라는 뜻이다. 비장애인과 비교해 사소한 자극에도 반응해 버리는 상태를 가리킨다.

52쪽에서 소개한 지아키 씨 그림은 자폐 스펙트럼 장애인에게 매우 자주 나타나는 감각 과민 사례들이다. 감각 과민으로 고민하는 자폐 스펙트럼 장애인은 자신을 힘들게 하는 자극을 피하고자 한다. 전문 용어로 '감각 회피'라고 한다. 햇빛에 눈이 부셔 어두운 곳에 있거나, 맛이나 냄새가 역한 요리를 먹으면 헛구역질하는 행동 모두 여기에 해당한다.

다음은 감각 저하이다. 언뜻 보기에 감각 과민과 정반대인 상황, 즉 자극에 둔감한 상황을 가리킨다. 상처가 나도 통증을 잘 못 느끼기 때문에 상처를 그대로 방치하거나, 온도 변화에 둔감해 겨울에도 반소매 반바지 차림으로 지내기도 한다.

　감각이 둔해서 일어나는 현상이 '감각 찾기'이다. 감각 찾기는 주변 소리나 냄새, 맛, 접촉 등 외부 자극을 과도하게 받아들이려는 상태를 말한다. 왜 이처럼 감각을 찾을까? 감각 저하를 겪는 사람들에게는 비장애인이 불쾌하다고 느끼는 자극이 자극으로 느껴지지 않기 때문이다. 알기 쉽게 말하자면 더 강한 자극을 요구하는 것이다.

　감각이 둔한 자폐 스펙트럼 장애 아동들은 있는 힘껏 뛰어올라 딱딱한 바닥에 엉덩방아를 찧는 행동을 보이기도 한다. 만일 비장애인이 이 행동을 처음 본다면 아이가 아플 것 같다고 걱정할지도 모른다. 물론 엉덩이에는 심하게 멍이 든다. 하지만 감각이 둔한 자폐 스펙트럼 장애 아동은 있는 힘껏 엉덩방아를 찧고도 자극을 느끼지 못한다. 따라서 얼마나 힘차게 뛰어야 아픔이 느껴지는지 알고 싶다 보니 행동 강도가 점점 강해진다. 심하면 머리를 벽에 부딪치는 자해 행동까지 할 수도 있다.

자폐 스펙트럼 장애인의 감각 처리 장애

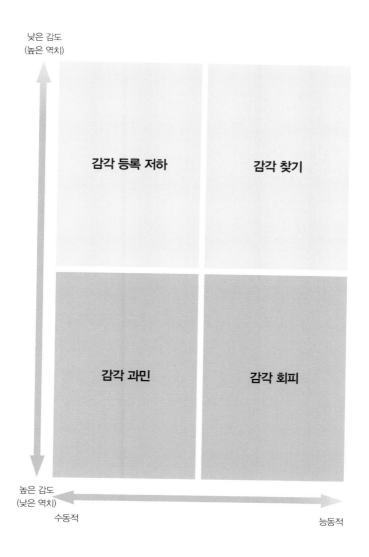

낮은 감도
(높은 역치)

감각 등록 저하   감각 찾기

감각 과민   감각 회피

높은 감도
(낮은 역치)

수동적   능동적

감각 과민이나 감각 저하와 같은 특성은 '감각 처리 장애Sensory Processing Disorder'라고 부른다. 세로축을 '감도의 정도', 가로축을 '활동성'이라 본다면 두 축 사이의 관계를 59쪽 그림처럼 나타낼 수 있다.

자폐 스펙트럼 장애인은 감각 과민 때문에 자극을 피하려고 하거나, 감각 저하 때문에 일부러 몸에 강한 자극을 주려고 한다. 이들은 감각 문제 가운데 어느 한쪽, 혹은 양쪽 모두를 놓고 고민할 가능성이 매우 높다.

감각 과민과 감각 저하 모두를 고민하는 사람이 대다수

감각 과민이나 감각 저하, 둘 중 하나를 고민하는 것은 이해할 수 있지만, 과연 감각 과민과 감각 저하 모두를 고민하기도 하는지 의문을 품는 사람이 있을 수도 있다. 하지만 실제로 감각 과민과 그에 정반대되는 감각 저하 모두를 고민하는 사람이 있다.

2007년 미국 연구자인 스콧 톰첵Scott D. Tomchek 등은 자폐 스펙트럼 장애 아동의 보호자 281명과 비장애인의 보호자 281명, 총 562명을 대상으로 어떤 조사를 실시했다. 단축 감각 프로파일Short Sensory Profile(발달장애, 특히 자폐 스펙트럼 장애가 있는 사람에게 유용한 검사로, 38개 문항으로 이뤄졌으며 독자적인 항목으로 감각을 측정)을 활용해 감각을 측정하고 합계 점수를 비교한 결과, 자폐 스펙트럼 장애 아동은 수치가 평균치를 크게 웃도는 83.6%인 데 반해 비장애인은 고작 3.2%에 그쳤다.

여기서 자폐 스펙트럼 장애 아동은 청각 과민(77.6%), 촉각 과민(60.9%), 미각 및 후각 과민(54.1%) 등에서 매우 높은 수치를 보였고, 더불어 감각 저하와 관련한 점수(86.1%) 또한 매우 높았다는 사실에 주목해야 한다. 즉 '한 사람이 감각 과민과 감각 저하를 동시에 띤다'는 사실을 알 수 있다.

자폐 스펙트럼 장애인이 겪는 감각 과민은(비교하자면) 주변 사람들에게 이해를 구하기 수월한 편이다. 하지만 감각 과민을 겪는 이들이 감각 저하도 띤다면 어떨까? 주변 사람들은 절대로 그럴 리 없다고 믿은 나머지, 감각 저하로 인한 행동을 단순한 착각이나 고집으로 단정 짓기 쉽다. 언뜻 모순처럼 느껴지는 행동도 감각 과민과 감각 저하가 공존하는 사람에게는 무척 자연스러운 행동이다. 주변 사람들은 그런 가능성을 부정하지 말아야 한다.

거듭 강조하지만, 감각 문제는 감각 과민만 보이는 사람, 감각 저하만 보이는 사람, 감각 과민과 감각 저하 모두 가지고 있고 감각 과민이 현저히 두드러지는 사람, 감각 과민과 감각 저하 모두 가지고 있고 감각 저하가 현저히 두드러지는 사람, 이렇게 네 가지로 크게 나눌 수 있는데, 그 비율이나 정도는 사람마다 다르다. 이 책에서는 자폐 스펙트럼 장애인이 띠는 경향을 설명해 나가겠지만, 가장 먼저 사람은 저마다 각양각색이라는 대전제를 이해해야 한다.

감각이란?

　지금부터는 '감각'을 설명한다. 감각을 알기 쉽게 설명하고자 우리가 본 것이 뇌에 다다르는(시각) 과정을 예로 들어 보자. 우리는 무언가를 눈으로 볼 때, 보통 아래와 같은 과정을 거친다.

　① 안구라는 수용체가 받아들인 자극이 뇌에 다다르고, 뇌가 각 요소를 분석한다(입력).
　　[각도, 밝기, 원근감, 색, 움직이는 방향 등을 각각 다른 요소로 받아들인다.]
　↓
　② 자극 요소에서 이미지를 만들어 낸다(지각).
　　[각도, 밝기, 원근감, 색, 움직이는 방향 등 각 요소를 이미지로 의식한다.]
　↓
　③ 만든 이미지를 상세하게 분석한다(인지).
　　[들어오는 자극 가운데 특정 부위에 주의를 기울이거나, 어느 물체가 가지는 색의 밝기와 다른 물체가 가진 밝기를 비교하며 '눈이 부시다'라는 인상을 받는다.]
　↓ ↑
　(③과 ④는 동시, 혹은 상황에 따라 순서가 뒤바뀔 수 있다)
　④ 일련의 자극에 정동적 의미가 부여된다(정동 · 감정).

[자극에 반응해 땀이 나고, 심장이 빨리 뛰고, 호흡이 가빠지는 등 생리적 변화를 일으키거나(정동), 정동에 따라 안심과 공포, 호의와 혐오 등 감정이 솟는다(감정).]

그렇다면 감각은 이 ①~④ 중 어느 부분과 관련이 있을까?

정답은 '모두와 관련이 있다'이다. 주변 사람들은 알아차리지 못할 정도인 형광등 불빛에도, 감각 과민을 겪는 사람은 눈이 부셔 불쾌해한다. 이는 자극에 과도하게 집중하는 '인지' 작용과 관련이 있을 수 있다. 다만 기저에는 일상적인 밝기조차 눈이 부시다고 인지하는 높은 감도가 깔려있는데, 이는 '지각'과 관련이 있다. 형광등이 있는 공간에 들어갈 때 가슴이 뛰거나 거부감을 느낀다면 '정동', '감정'과 관련이 있다.

지각, 인지, 정동, 감정은 각각 하나씩만 다루어도 연구할 내용이 무궁무진할 정도로 다양한 요소를 포함하는 개념이다. 앞서 말한 개념 모두를 아우르는 것이 바로 감각이다. 그래서 '감각 과민', '감각 저하'는 한 마디로 정의할 수 없는, 여러 가지 뜻이 있고 애매하며 앞으로 연구할 여지가 많은 표현이라고 할 수 있다.

사례 3

이 아이 눈에는 다르게 보이는 게 아닐까?

    미술 시간에 초등학교 근처에 있는 동물원에서 동물을 그리기로 했다. C 군은 사자 우리 앞에서 묵묵히 그림을 그린다.

선생님: 그림이 멋진걸? 우리 앞에 있는 나무부터 그리는 거니?
C 군: 나뭇잎이 파릇파릇해서요.
선생님: 나뭇가지까지 꼼꼼하게 그리다니, 관찰력이 정말 좋구나.
         그림 그리는 걸 좋아하니?
C 군: 네. 좋아요.
선생님: 완성되면 꼭 보여주기다?

– 잠시 뒤, 학교로 돌아갈 시간 –

선생님: 이제 학교로 돌아갈 거예요. 다들 동물은 잘 그렸나요?
학생들: 네!
선생님: C 군은 사자 다 그렸니?
C 군: 네.
선생님: 사자가 생각보다 작네. (사자를 그리려던 게 아닌가?)
C 군: 정말요? (사자는 원래 이 정도인데. 뭐가 잘못된 거지?)

C 군이 학교에서 돌아오자, 어머니는 케이크를 잘라 크기가 서로 다른 세 접시에 담는다.

어머니: 간식 먹자.

C 군 · 남동생: 와!

남동생: 어, 형 케이크가 더 크잖아! 바꿔 줘!

어머니: 다 똑같은 거야.

남동생: 아냐! 형만 큰 것 주고, 엄마 나빠! 안 바꿔 주면 안 먹어!
　　　　(저 작은 접시에 있는 케이크가 제일 크잖아.)

어머니: 그래? (그러고 보니 좀 큰 것 같기도 하고.)

C 군: 그래, 그러면 이거 먹어. (다 똑같은 크기인 것 같은데.)

비장애인과 자폐 스펙트럼 장애인은 '눈에 비친 세상'이 서로 다르다. 이 사실은 이미 다양한 연구를 통해 밝혀졌다.

세상을 서로 다르게 보는 이유는 뇌 특성 때문이다. 자폐 스펙트럼 장애인에게는 '숲이 아닌 나무를 보는' 관점, 즉 주변 정보에 휘둘리지 않고 정보를 처리하는 경향이 나타난다.

비장애인은 자폐 스펙트럼 장애인이 하는 행동이나 의사소통 방식에 종종 의문을 가진다. 그럴 때 자폐 스펙트럼 장애인이 지닌 뇌 특성을 과학적으로 확인하며 의문을 해소할 수 있다.

뇌 작용이 핵심이다

'착시'는 자폐 스펙트럼 장애인이 가진 감각을 명확하게 한다

앞서 설명한 바와 같이 감각 과민과 감각 저하는 앞으로 연구할 여지가 많은 특성이다. 다양한 연구를 통해 감각이라는 측면에서 비장애인과 자폐 스펙트럼 장애인이 보는 세계가 다르다는 사실이 서서히 밝혀지고 있다(다시 한번 강조하지만, 자폐 스펙트럼 장애인 사이에는 당연히 개인차가 있다).

이는 '착시'를 통해 알 수 있다. 착시란 시각에 의한 착각을 뜻한다. 밝기, 색, 크기, 길이, 형태, 방향, 원근감, 운동 등이 착시를 일으킬 수 있다.

착시는 '왼쪽에 있는 ○와 오른쪽에 있는 ○는 사실 크기가 완벽하게 똑같지만, 전혀 다른 크기로 보인다', '양쪽에 있는 막대는 사실 길이가 완벽하게 똑같지만, 전혀 다른 길이로 보인다'처럼, 시각적으로 속았거나 제멋대로 상상해 다르게 보이는 상황을 가리킨다. 비장애인에게는 착시 현상이 나타날 때, 자폐 스펙트럼 장애인은 똑같은 것을 보고도 착각하지 않고 정확하게 본다고 한다.

네커 큐브를 보는 법이 달라지지 않는 이유

'네커 큐브Necker Cube'를 보는 법에도 차이가 있다.

네커 큐브는 1832년에 스위스의 루이 알베르 네커Louis Albert Necker가 고안한 착시 정육면체다. 정육면체를 구성하는 앞면의 선과 뒷면의 선이 모두 표시돼 있어 어느 면이 앞면인지 알 수 없다. 따라서 일부 선을 흐리게 바꾸면 69쪽과 같이 두 가지 그림으로 표현할 수 있다.

네커 큐브를 비장애인에게 제시해 보자. 모든 선이 검은색으로 이뤄진 그림을 봤을 때는 사람에 따라 해석이 갈린다. 어떤 사람은 A 각이 앞(나와 가까운 곳)에 있다고 대답하고, 또 다른 사람은 B 각이 앞(나와 가까운 곳)에 있다고 대답한다. 모두 '정답'이다.

네커 큐브

A   B

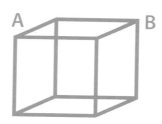

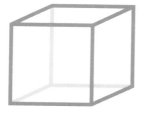

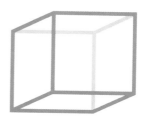

한 도형을 다양하게 인식하는 것을 가리켜 '모호한 도형Ambiguous figure'이라고 부른다. 볼 때마다 다르게 보이는 모호한 도형은 변화하는 빈도가 사람에 따라 다르다.

2017년 독일의 연구자인 위르겐 콘마이어Jürgen Kornmeier는 자폐 스펙트럼 장애인과 비장애인 사이에 이런 인식이 변화하는 정도를 비교했다. 연구 결과, 자폐 스펙트럼 장애인은 비장애인에 비해 인식 전환이 거의 일어나지 않고 편중된 시선이 오랫동안 지속됐다. 비장애인은 네커 큐브를 볼 때 어떤 모양을 쉽게 찾아내는 선입견이 있지만, 자폐 스펙트럼 장애인에게서는 선입견을 비교적 찾아보기 어려웠다.

모호한 도형을 바라볼 때는 선행 경험이나 지식에 의해 선입견이 생겨난다. 달이 하늘 높이 떠 있을 때보다 어떤 건물 근처에 떠 있을 때 더 커 보이는 이유를 생각해 보면 이해하기 쉽다. 뇌는 건물과 같은 범위 안에 있는 물체가 시야에 들어오면 무의식적으로 물체 크기를 건물과 비교하기 때문에 달이 크다고 생각해 버린다(이를 '달 착시'라고 한다).

자폐 스펙트럼 장애인이 선입견 없이 네커 큐브를 바라보는 이유는 선행 경험과 상관없이 보이는 대로 자극을 받아들이려는 경향 때문일지도 모른다. 반면 비장애인은 선행 경험 때문에 발생한 선입견이 섞인 시선을 갖게 된다고 할 수 있다.

주변 정보에 현혹되지 않는 자폐 스펙트럼 장애인

　한 연구 보고에 따르면, 비장애인과 자폐 스펙트럼 장애인은 '에빙하우스 착시Ebbinghaus illusion'를 보는 방법도 다르다. 에빙하우스 착시는 기억에 관한 연구로 독일의 유명한 심리학자인 헤르만 에빙하우스Hermann Ebbinghaus가 발표한 착시 도형이다. 보통 작은 원으로 둘러싸인 원은 크게 보이고, 큰 원으로 둘러싸인 원은 작게 보일 것이다. 하지만 주위에 있는 원을 제거하고 중심에 있는 두 원만 놓고 비교해 보면, 두 원은 크기가 완전히 똑같다는 사실을 알 수 있다.

　왼쪽 원은 작게, 오른쪽 원은 크게 보이는 이유는 무엇일까? 주변에 있는 원과 크기를 비교해 버리기 때문이다. 큰 원에 둘러싸인 왼쪽 원은 '작고' 작은 원에 둘러싸인 오른쪽 원은 '크다고' 뇌가 제멋대로 판단해 버리고 만다.

에빙하우스 착시

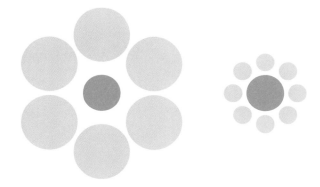

자폐 스펙트럼 장애인은 '두 원은 크기가 똑같다'고 보는 비율이 높다. 주변 정보를 통해 판단하지 않기 때문이다.

- 많은 사람이 '주위에 있는 원'이라는 주변 정보를 받아들여 중심 원의 크기를 판단한다.
- 하지만 자폐 스펙트럼 장애인은 '주위에 있는 원'과 상관없이 중심 원의 크기를 판단하는 경향이 있다.

결코 어느 한쪽이 뛰어나다고 볼 수는 없다. 저마다 특성이 있다. 비장애인은 주변 정보를 잘 받아들이지만, 그만큼 속기 쉽다고도 할 수 있다. 반면 자폐 스펙트럼 장애인은 주변 정보에 잘 현혹되지 않는 동시에 주변 정보를 잘 받아들이지 못한다. 즉 비장애인과 비교했을 때 자폐 스펙트럼 장애인은 주변 정보를 고려하면서 정보를 처리하는 일에 능숙하지 못하다.

자폐 스펙트럼 장애인은 원근감을 확인할 수 있는 단서를
잘 이용하지 못한다?

  마지막으로 '폰조 착시Ponzo illusion'가 있다. 20세기 초반 이탈리아
의 심리학자인 마리오 폰조Mario Ponzo가 고안했다. 삼각형 빗변과 같
은 사선을 그으면, 가로로 그은 두 선 중에 위쪽에 있는 선이 더 길어
보인다. 하지만 사선을 제거한 뒤 두 선을 비교해 보면 사실은 두 선
길이가 완전히 똑같다는 사실을 알게 된다.

  다만 에빙하우스 착시처럼 자폐 스펙트럼 장애인은 사선이 있어
도 두 선 사이에 길이 차이가 별로 나지 않는다고 느끼는 사람이 많
다고 한다. 왜일까? 자폐 스펙트럼 장애인은 원근감을 제멋대로 해
석하지 않는 경향이 있기 때문이다.

폰조 착시

'위쪽에 있는 선은 멀리 있고, 아래쪽에 있는 선은 가까이에 있다. 두 선 길이가 똑같아 보이는 이유는 가까이에 있는 선이 짧기 때문이다.'라고 뇌가 멋대로 판단하기 때문에 착시가 일어난다. 자폐 스펙트럼 장애인은 특별히 그런 해석을 하지 않고 단순히 두 선 길이를 비교하는 경향이 있으므로 착시가 일어나지 않는다.

- 많은 사람이 '원근감'이라는 정보를 포함해 선 길이를 판단한다.
- 자폐 스펙트럼 장애인은 '원근감'이라는 정보를 배제하고 선 길이를 판단하는 경향이 있다.

즉 자폐 스펙트럼 장애인은 비장애인보다 멀고 가까움 혹은 넓고 좁음을 파악하는 단서를 능숙하게 이용할 가능성이 낮다고 볼 수 있다.

'숲을 보지 않고 나무를 보는' 경향

일상생활에서는 큰 물체와 작은 물체를 보고 크기를 분간할 줄 알아야 한다.

과일나무에서 과일을 딸 때를 생각해 보자. 잔뜩 열린 열매 가운데 어떤 열매가 가장 큰지 쉽게 골라낼 수 있다. 이런 능력은 먼 옛날부터 어떤 사냥감이 더 많은 영양분을 가지고 있는지를 순식간에 파악해야 했던 상황과 관련이 있을지도 모른다. 물체 크기가 확실히 차이가 나면, 순식간에 상황을 판단할 수 있고 정보를 처리할 때 뇌에 걸리는 부담도 적어진다. 그러므로 '대비'를 기반으로 해 자동으로 정보를 처리하고 판단할 수 있어야 한다.

또한 원근감을 판단할 수 있는 단서가 있다면 멀리 있다고 인식한 대상이 자동으로 크게 보이도록 앞에 있는 물체와 대비할 수 있어야 상황을 빨리 이해할 수 있다.

즉 착시란 '물리적 정확성'보다도 '뇌의 효율성'을 우선한 결과이다. 자폐 스펙트럼 장애인이 착시를 잘 느끼지 못하는 이유는 외부 세계의 상황을 지각할 때 비장애인이 '효율성을 중시'해 정보를 처리하는 반면, 자폐 스펙트럼 장애인은 '효율성을 중시하지 않는' 경향이 있기 때문이다. 어떤 대상을 지각할 때 뇌가 떠안는 부담이 커서 그만큼 동시에 여러 대상을 인식하기 어려워한다고 추측할 수 있다.

'약한 중앙 응집 이론Weak Central Coherence(WCC)(happé, 1999)'은 자폐 스펙트럼 장애인이 가진 인지 방식에 관한 이론이다. 여기에 '숲을 보지 않고 나무를 본다'는 표현이 나온다. 부분 정보를 처리하는 데는 뛰어나지만, 부분이 모여 만들어지는 전체적인 정보를 처리하는 데는 미숙하다는 경향을 이 관용구에 빗대어 설명하고 있다.

자폐 스펙트럼 장애인 가운데에는 예술이나 수학과 같은 분야에서 뛰어난 재능을 보이는 사람들이 있다. 영국의 건축 화가인 스티븐 윌트셔Stephen Wiltshire는 한 번 본 풍경은 하나도 빠짐없이 기억해 그림으로 정밀하게 표현할 수 있다. 사람들은 그를 '서번트 증후군savant syndrome'이라고 진단하기도 한다. 서번트 증후군은 발달장애, 지적장애, 정신장애가 있고, 경이로운 기억 능력이나 계산 능력과 같이 뛰어난 능력을 보이는 장애를 말한다.

한 영역에서 보이는 뛰어난 기능은 약한 중앙 응집 이론의 특징과 어느 정도 관련돼 있을지 모른다. 세세한 부분에 집중하는 힘이 남다르고 정보를 정확하게 처리하지만(나무를 보다), 다른 것에는 눈길조차 주지 않는다(숲을 보지 않는다).

또한 '약한 중앙 응집 이론'에서 주장한 자폐 스펙트럼 장애인의 '나무를 보고 숲은 보지 않는다'는 경향은 '향상된 지각 기능Enhanced Perceptual Functioning(EPF)(Mottron et al., 2006)'에서 '나무를 보고 있으므로 숲은 보지 않는다'는 새로운 인식 방법으로 발전했다. 즉 자폐 스펙트럼 장애인은 숲을 볼 수 없는 것이 아니라 나무를 보는 능력이 뛰어나므로 나무를 보고 있을 뿐, 마음만 먹으면 숲도 얼마든지 볼 수 있다고 인식하는 방법이다.

자폐 스펙트럼 장애인이 띠는 경향은 전체 구조를 받아들이기보다 부분을 파악하는 것을 우선한다는 '주특기'를 끌어올린 것이다. 따라서 자폐 스펙트럼 장애인이 전체적인 정보 처리에도 주의를 기울인다면 세상을 바라보는 시각이 훨씬 넓어질지도 모른다.

'뇌'는 자폐 스펙트럼 장애인 세계를 여는 열쇠

자폐 스펙트럼 장애인이 주변 정보에 현혹되지 않거나, 원근감을 파악하지 못하거나, 나무를 보고 숲은 보지 않는 경향을 띠는 이유는 무엇일까? 한 연구 결과에 따르면 자폐 스펙트럼 장애인의 뇌가 지닌 특성 때문이라고 한다. 여기서는 뇌 구조와 정보 처리 과정을 그림으로 간략하게만 설명하기로 한다.

우선, 뇌 구조를 간단히 알아보자. 뇌는 이마엽, 마루엽, 관자엽, 뒤통수엽, 뇌줄기, 소뇌 등으로 이뤄졌다. 그리고 일차 몸 감각 영역(S1)은 이마엽과 바로 뒤에 있는 마루엽에 걸쳐 있고, 일차 청각 겉질(A1)은 마루엽 아래쪽에 있는 관자엽 뒷부분에, 일차 시각 겉질(V1)은 뒤통수엽에 있다.

전문 용어라 어렵게 느껴지지만, 간략하게 정리하자면 일차 몸 감각 영역(S1)은 촉각(피부)을 통해 얻은 감각 정보가 모이는 곳, 일차 청각 겉질(A1)은 청각(귀)을 통해 얻은 감각 정보가 모이는 곳, 일차 시각 겉질(V1)은 시각(눈)을 통해 얻은 감각 정보가 모이는 곳이라 할 수 있다(후각, 미각까지 설명하면 그림이 복잡해지니 여기서는 촉각, 청각, 시각만 설명한다).

뇌 구조를 바탕으로 뇌가 정보를 처리하는 과정을 알아보자.

뇌 구조(일차 감각 영역 중심)

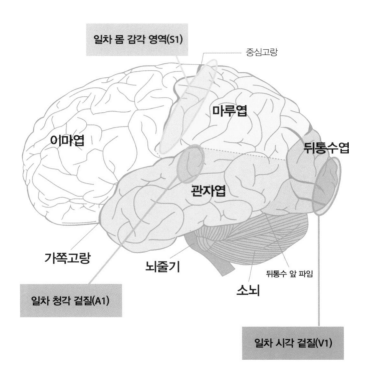

일차 몸 감각 영역(S1)

중심고랑

마루엽

이마엽

뒤통수엽

관자엽

가쪽고랑

뇌줄기

뒤통수 앞 파임

일차 청각 겉질(A1)

소뇌

일차 시각 겉질(V1)

※ 각 감각 영역 위치는 대강 표시했다.

피부, 귀, 눈이 받아들인 정보는 각 감각 기관(예를 들어 시각은 안구 안쪽에 있는 망막)에서 '예외' 정보로 분류돼 일단 뇌로 보내진다. '예외' 정보가 뇌로 전해지고 우리가 깨달을 수 있는 하나의 정보로 정리될 때, 활약하는 부위가 '시냅스'이다.

시냅스는 뇌 안에서 다양하게 존재하는 신경 세포(뉴런)를 잇는 '접합부'를 가리킨다. 어떤 정보가 한 뉴런에서 다른 뉴런으로 전해질 때, 정보는 우선 '전기 신호'에서 '화학 물질(신경 전달 물질)'로 변한다.

일차 몸 감각 영역이 촉각(피부)을 통해 얻은 감각 정보, 일차 청각 겉질이 청각(귀)을 통해 얻은 감각 정보, 일차 시각 겉질이 시각(눈)을 통해 얻은 감각 정보는 모두 시냅스가 합친다.

이는 다음과 같이 설명할 수 있다.

'뇌라는 땅에 구석구석 깔린 뉴런이라는 도로 위를 정보라는 짐을 실은 트럭이 달린다. 도로 사이에는 강이 흐르고 있는데, 이쪽 강가를 시냅스 앞 세포막, 저쪽 강가를 시냅스 뒤 세포막이라 부른다. 트럭은 강을 건널 수 없으므로 시냅스가 신경 전달 물질이라는 배에 짐을 옮겨 싣고 강을 건넌다. 그런 다음 저쪽 강가(시냅스 뒤 세포막)에서 기다리던 다른 트럭에 짐을 옮겨 정보를 다른 뉴런으로 순조롭게 전한다.'

뇌의 어느 영역에서 GABA양이 적을수록

뇌가 정보를 처리하는 활동을 연구하면서 비장애인과 자폐 스펙트럼 장애인 사이에 '뇌 활동 양식 차이'가 있다는 사실이 밝혀졌다.

시냅스는 정보를 '전기 신호'에서 '화학 물질(신경 전달 물질)'로 바꿔 다른 뉴런에 전달한다. 신경 전달 물질은 그 작용에 따라 '흥분성'과 '억제성'으로 나눌 수 있다.

'흥분성' 신경 전달 물질이 뉴런 사이로 내보내지면 뒤에 있는 뉴런이 흥분하는 작용을 한다. 반대로 '억제성' 신경 전달 물질은 이를 억제한다.

편의점에 가면 볼 수 있는 단어인 'GABA'는 '감마아미노뷰티르산(γ-aminobutyric acid)'을 줄인 말로, '억제성' 신경 전달 물질로 분류된다. 신경 전달 물질은 글라이신Glycine 등도 있지만, 사고와 언어, 지각, 운동 제어 등 사람이 하는 복잡한 활동에 도움을 주는 대뇌 겉질에서는 주로 GABA가 영향력을 행사한다.

내가 속한 연구팀은 뇌의 한 부분에 있는 뇌 대사 물질을 측정하는 '자기 공명 분광법Magnetic Resonance Spectroscopy(MRS)'으로 자폐 스펙트럼 장애인의 뇌를 측정하였다.

그 결과, 뇌의 보조 운동 영역에 포함된 GABA가 적을수록 팔다리 협응 운동(줄넘기나 한 발 뛰기, 자전거나 자동차 운전 등 팔다리가 따로 움직일 때 이를 하나로 인식해 움직이게 하는 운동)에 어려움을 겪고, 뇌의 운동 앞 겉질 영역에 포함된 GABA가 적을수록 일상생활에서 감각 과민이 현저해진다는 결론을 이끌어 냈다. GABA 양이 적은 것이 뇌 속에서 영향력이 매우 크다는 사실을 유추해 볼 수 있다.

단, '편의점에서 GABA를 섭취할 수 있다는 문구가 적힌 과자를 보고 GABA가 든 초콜릿을 많이 먹으면 장애 특성이 금세 바뀔지도 모른다'라고 생각하는 사람도 있을 수 있다. 아쉽지만 보통 GABA는 음식을 통해 섭취하더라도 뇌에 직접 흡수되지 않는다. 특정 영역에서 GABA양을 제어할 수 있다 하더라도, 장애 특성이 바뀔지는 미지수다.

뇌 속 GABA양이 변함에 따라 어떤 원리로 장애 특성이 나타나는지 더 자세하게 밝혀진다면, 장애 특성을 좀 더 이해하고 대처할 수 있을 것이다.

진동 실험으로 밝혀진 다양한 사실

개인차가 있기는 하지만, 자폐 스펙트럼 장애인은 어느 특정한 뇌 영역끼리 연결(활동 동기)될 때, 대체로 비장애인보다 강하게 연결되거나(과잉) 약하게 연결되는(과소) 경향이 있다.

이는 진동 실험으로 밝혀졌다. 진동 실험은 '자기 뇌파 검사 Magnetoencephalography (MEG)'를 이용하는 실험인데, 뇌 활동을 가시화하면서 자폐 스펙트럼 장애인 손등에 약한 진동을 준다. 이때 일차, 이차 몸 감각 영역의 활동 동기(기능적 결합)가 강한 사람일수록 감각 과민이 강하게 나타났다.

또한 자폐 스펙트럼 장애인은 비장애인보다 미세한 진동을 느꼈거나 계속 느낀다는 사실도 밝혀졌다. 사람에게 반복해서 진동을 주면, 사람은 자극에 순응한다. 그래서 비장애인은 자극 강도가 얼마나 센지 판단할 때 정밀함이 무뎌졌지만(표준 자극과 비교 자극을 구별할 수 없음), 자폐 스펙트럼 장애인은 자극 강도를 느끼는 정도가 거의 변하지 않았다.

자폐 스펙트럼 장애인은 비장애인보다 약한 진동에도 반응하고 자극에 순응하지 않는다고 할 수 있다. 이것이 자폐 스펙트럼 장애인을 괴롭히는 감각 과민이 일어나고 있는 이유다.

뇌 작용 특성에 따라 감각 과민이 일어난다는 사실을 반드시 알고 있어야 한다. 물론 감각 과민과 정반대인 감각 저하로 고민하는 자폐 스펙트럼 장애인도 있다. 자폐 스펙트럼 장애인은 종종 통증과 온도 차를 느낄 때 감각 저하를 나타내므로, 같은 촉각이라 하더라도 자극 종류에 따라 지각을 느끼는 정도와 순응하는 방식이 달라진다.

감각 저하가 이뤄지는 원리는 아직 밝혀지지 않은 부분이 많지만, 감각 과민과 마찬가지로 뇌가 작용하는 특성에 따라 감각 저하가 일어난다고 생각하는 편이 자연스럽다.

이렇게나 다른데, 다른 사람은 왜 모를까?

유소년 야구 시합에서 타석에 들어선 D 군에게 상대 팀 투수가 공을 던졌다. 스트라이크 존에 아슬아슬하게 걸쳐 들어오는 공을 침착하게 거른 D 군. 심판은 볼을 선언했다.

D 군: (우와, 공이 잘 보이네. 이대로라면 안타를 칠 수 있겠어!)
투수: (꿈쩍도 하지 않잖아? 공이 잘 보이나 봐.)
D 군: (마치 슬로 모션 같아. 침착하게 스윙하자.)
투수: 엇, 실투다!
D 군: (기회다, 때려, 때리라고!)

- 평범한 직구였지만, 배트가 늦게 나간 탓에 공은 그대로 포수 미트로 빨려 들어갔다 -

투수: 뭐야, 저 얼토당토않은 스윙은?
D 군: (공이 이렇게나 잘 보이는데 몸이 따라가질 않아.)
팀 동료: 제발 쳐 달라고 던지는 공도 못 친다고? 야, 장난하냐?
D 군: 그러게……. (매일 열심히 연습하고 있잖아. 그런데 왜 치지를 못하는 거야?)

E 씨는 가족과 밖에서 식사하고 집으로 돌아왔다. 어머니가 집안의 불을 켰다.

> **E 씨:** 어.
> **어머니:** 왜 그러니?
> **E 씨:** 거실 형광등 하나가 나갈 것 같은데.
> **아버지:** 어떻게 알았어?
> **E 씨:** 깜빡거리잖아.
> **어머니:** 그래? 전혀 모르겠는데.
> **E 씨:** 일단 인터넷으로 주문해 둘까?
> **아버지:** 그러지 뭐.

– 다음 날 –

> **어머니:** 정말로 형광등이 깜빡거리네. 네 말을 듣길 잘했다. (어제 어떻게 안 거지? 신기해라.)
> **E 씨:** 내가 말했잖아. (저렇게 깜빡거리는데 어떻게 모를 수가 있지? 신기해라.)

자폐 스펙트럼 장애인이 겪는 감각 과민은 '시간 정보를 처리하는 일'과 관련하지 않을까? 1000분의 1초라는 매우 짧은 시간 단위에서 자폐 스펙트럼 장애인의 뇌가 어떻게 정보를 처리하는지에 관한 연구를 시작했다.

연구 결과, 자폐 스펙트럼 장애인 중에 비장애인이 결코 인식할 수 없는 '각도 차이', '꺼졌다 켜졌다 하는 상황' 등을 알아차리는 사람이 있다는 사실을 알게 됐다. 이런 특성은 시각뿐 아니라 청각, 촉각 등 모든 감각에 해당한다. 지금부터 자세히 설명하기로 한다.

시간 정보 처리

자폐 스펙트럼 장애인은 시간 정보를 어떻게 처리할까?

자폐 스펙트럼 장애인은 비장애인과는 달리 특별하게 감각을 처리한다는 사실을 알았다. 또한 '자극이 있는지 없는지를 알아내는 일' 이외에 '각도나 음높이 차이를 구별하는 일'과 같이, 뇌가 비교적 낮은 단계에서 정보를 처리하는 과정에서도 높은 수준으로 지각을 정밀하게 처리한다는 사실이 밝혀졌다.

다만 이는 대부분 '공간 정보를 처리하는 일'을 다룬 내용이었다. 예를 들어 미묘하게 다른 각도로 놓인 자극 A와 자극 B를 주고, 이들이 같은지 다른지를 판단하게 한다. 그러면 공간과 관련한 자극 성질 정보를 지각에 따라 처리한다. 다른 연구자들과 마찬가지로 나 또한 처음에는 자폐 스펙트럼 장애인을 '공간 정보 처리'에 초점을 맞춰 연구했다.

하지만 연구를 계속하면서 시간 정보를 처리하는 방법에 대한 의문이 생겨났다. 그래서 자폐 스펙트럼 장애인이 겪는 감각 과민은 시간 정보를 정밀하게 처리하기 때문에 일어나는 건지도 모른다는 가설을 세웠다.

'시간 정보 처리'란 대체 무엇일까? 우리 뇌는 시간 정보를 세 단계로 나눠 처리한다.

① 가장 긴 시간 처리 단위는 '하루 주기(Circadian timing)'

깨어 있는 상태에서 잠이 들어 다시 잠에서 깨기까지의 하루 신체 리듬(개일 리듬)을 가리킨다. 개일 리듬의 최고 중추인 시신경교차위핵Suprachiasmatic nucleus(SCN)이 중요한 역할을 담당하는데 다른 뇌 부위나 장기에 신호를 보내 우리 몸 상태를 일정하게 유지한다.

② 중간 단위는 '간격 주기(Interval timing)'

1초부터 하루까지 다양한 단위로 시간을 처리한다. 의사를 결정하거나 의식적으로 시간을 잴 때를 가리킨다. 바닥핵에 있는 줄무늬체 활동과 이와 밀접한 관련이 있는 도파민 뉴런dopaminergic neuron의 작용이 관여해 의식적인 운동(자발 운동voluntary movement)을 제어한다.

③ 가장 짧은 단위는 '밀리초 주기(Millisecond timing)'

1ms는 1000분의 1초다. 뇌가 1초 내에서 가장 짧은 시간 단위로 처리한다는 뜻으로, 운동을 제어하고, 말을 하고, 리듬을 지각하는 일 등과 관련이 있다. 소뇌와 관련한다고 여겨진다.

이 가운데 내가 속한 연구진에서는 밀리초 주기의 정보 처리가 자폐 스펙트럼 장애인이 감각 정보를 처리하는 특성과 큰 관련이 있다는 사실을 밝혀냈다.

시간 해상도와 감각 과민은 무슨 관계?

밀리초 단위로 일어나는 지각적, 인식적인 정보를 얼마나 정밀하게 처리하는지를 알아보는 '시간 순서 판단Temporal Order judgment(TOJ)' 방법을 이용해 실험했다.

촉각을 알아볼 때는 양손의 한 손가락 끝에 진동 장치를 달고 다른 손가락은 버튼에 얹는다. 손끝 장치에는 왼쪽 → 오른쪽, 혹은 오른쪽 → 왼쪽 순서로 진동을 준다. 그리고 실험 참가자에게는 진동이 나중에 느껴지는 쪽 버튼을 누르게 했다.

이 실험의 핵심은 시간차에 있다. 가령 실험에서 짧은 밀리초 간격이라 하더라도 어느 쪽이 나중에 움직였는지를 정확하게 판단할 수 있다면 '시간 해상도', 즉 시간 순서를 정확하게 판단하는 능력이 높다고 할 수 있다.

나는 자폐 스펙트럼 장애인을 대상으로 좌우 시간차를 15~250ms로 설정해 실험했다. 이는 비장애인이라면 과제 가운데 절반 정도는 어림짐작으로 판단할 수 있는 난이도였다. 비장애인 14명에게 위와 같은 값으로 설정하고 실험한 결과, 비장애인의 평균 시간 해상도는 50~60ms였다.

자폐 스펙트럼 장애인을 대상으로 실험한 결과는 어떨까? 결론부터 말하자면 시간 해상도는 개인마다 큰 차이를 보였다. 시간차가 극단적으로 짧은데도 좌우 진동 순서를 정확하게 대답하기도 하고, 반대로 시간차가 매우 긴데도 대답하지 못하기도 했다.

이어서 시간 해상도 차이가 감각 과민 정도와 관련이 있는지 조사했다. 조사 결과, 높은 시간 해상도를 가진 자폐 스펙트럼 장애인은 일상생활에서 더욱 강력한 감각 과민을 경험한다는 사실을 알게 됐다. 참고로 이 결과는 비장애인에게는 볼 수 없었다(시간 해상도가 높다고 해서 감각 과민은 아니라는 점).

밀리초 단위 시간 해상도와 관련한
청년 자폐 스펙트럼 장애인의 수수께끼

나는 시간 해상도를 연구하면서 경이로운 시간 해상도를 가진 청년을 만났다. 그는 비장애인이 진동을 느낀 순서를 대답할 수 있는 시간차(약 50~60ms)와 비교해 약 10분의 1에 해당하는 시간차 6ms(0.006초)로 진동 순서를 정확하게 대답했다.

청년에게 도움을 받아 밀리초 단위 시간 해상도가 발휘되는 원리를 연구하기 시작했다. 연구 결과, 비장애인의 뇌에는 자극에 따른 부하를 줄이고자 과도한 정보 처리를 억제하는 '억제기'가 자극을 처리하는 시간을 조절하고 있다는 사실을 확인할 수 있었다.

여담이지만 청년은 청각도 촉각만큼 시간 해상도가 매우 높았고, 시각 또한 시간 해상도가 비교적 높다는 사실도 실험을 통해 밝혀졌다.

이후로도 청년은 실험에 계속 참가했다. 그러면서 실험 중간중간 자신이 평소에 세상을 어떻게 느끼고 있는지를 이야기했다. 특히 체육 시간에 야구를 했던 이야기는 무척 인상 깊었다. 그는 타석에 들어서면 상대 투수가 던진 공이 마치 슬로 모션처럼 보일 때가 있었다고 한다.

매우 이상하게 들릴 수 있지만, 그가 실험에서 시간 순서를 판단하듯 타석에서 자극의 시간 정보를 처리했다면 이 이야기는 있을 법하다. 자극이 주어지는 순서를 정확하게 대답하려면 외부 세계에서 일어난 현상을 높은 해상도로 받아들여야 한다. 마치 움직이는 동물을 초고속 카메라로 촬영하듯, 지각을 조율할 수 있다면 공이 느리게 보일 수 있다.

다만 그렇다고 해서 반드시 안타를 친다는 보장은 없다. 타격은 아주 높은 수준의 협응 운동을 요구한다. 아쉽게도 청년은 협응 운동 장애가 있어 홈런 타자로서 활약할 수는 없었다.

그와 나눈 이야기를 토대로 일상생활에서 시간 해상도가 높은 자폐 스펙트럼 장애인이 정보를 어떻게 받아들이는지 조금씩 이해할 수 있었다.

'억제기' 없이 활동하는 뇌

시간 해상도가 높은 자폐 스펙트럼 장애인의 뇌는 어떻게 활동하고 있을까?

fMRI로 평균보다 약 10배는 높은 시간 해상도를 가진 청년의 뇌를 조사해 보았더니 위관자이랑Superior temporal gyrus(STG)과 배쪽 운동 앞 겉질Ventral premoter cortex(vPMC)이 매우 활발하게 활동하고 있었다.

여러 감각에 걸쳐 있는 위관자이랑은 자극에 따른 시간 정보나 공간 정보를 처리할 때 활동한다. 또한 배쪽 운동 앞 겉질은 감각 운동계를 처리하는 매우 중요한 역할을 담당한다. 비장애인이 '억제기'를 사용해 정보를 처리할 때, 높은 시간 해상도를 가진 자폐 스펙트럼 장애인은 비장애인과는 달리 '억제기'를 사용하지 않고 뇌를 움직이게 한다는 사실을 추측할 수 있다.

자폐 스펙트럼 장애인은 형광등 깜빡임이 신경 쓰이는 감각 과민을 호소하기도 한다. 형광등은 50Hz 또는 60Hz에서 켜졌다 꺼졌다 하는데, 이는 약 17~20ms마다 점멸하는 셈이다. 시간 해상도가 낮은 사람은 이 깜빡임을 알아차리지 못하니 형광등에 불이 들어온 것으로 인식한다. 만일 자극 순서를 정확하게 판단할 수 있는, 6ms 정도로 높은 시간 해상도를 지녔다면, 깜빡임이 느껴지니 당연히 형광등이 신경 쓰인다.

참고로 실험할 때 청년의 뇌에서는 왼쪽에 있는 위관자이랑과 오른쪽에 있는 배쪽 운동 앞 겉질이 도드라지게 활동했다. 여러 자폐 스펙트럼 장애인에게 도움을 받아, 이 부위들이 흥분이나 억제와 관련이 있는 GABA 농도와 얼마나 상관하는지도 조사해 보았다. 그러자 왼쪽에 있는 배쪽 운동 앞 겉질의 GABA 농도가 낮은 자폐 스펙트럼 장애인일수록 감각 프로파일 질문지에서 감각 과민, 감각 회피 수준이 높게 나타났다. 반면 비장애인에게는 관련성을 찾을 수 없었다. 자폐 스펙트럼 장애인이 가진 높은 시간 해상도와 뇌 활동은 깊은 관련이 있는데, 뇌 활동을 억제하는 기능이 낮아지면 장애인이 일상생활에서 훨씬 심한 감각 과민을 경험하는 경향을 보인다는 사실이 밝혀진 것이다.

나는 연구자로서 자폐 스펙트럼 장애인이 '억제기' 없이 정보를 처리하며 생기는 감각에 관한 다양한 문제를 다루며 그 원리를 밝혀내고 싶다. 그리고 많은 사람이 장애인을 더 깊이 이해할 수 있도록 공헌하고자 한다.

다음 장에서는 자폐 스펙트럼 장애인이 일상생활에서 안고 있는 '불안장애'나 '의사소통할 때 겪는 어려움'과 같은 고민을 자세히 설명하기로 한다.

제4장

발달장애인이 겪는
어려움을 공유하자

사례 5

어떻게 해야 이 기분을 알릴 수 있을까?

평소 유치원에서 집으로 갈 때 다니는 길이 공사 중이라 막혀 버렸다. 어머니는 F 군에게 '저기는 오늘 못 지나간대. 다른 길로 가자'라고 이야기했다.

F 군: 싫어! 원래 가던 길로 가!

어머니: 아까 말했잖니. 여긴 공사 중이라 못 지나가요.

F 군: 그래도 난 싫어.

어머니: 그렇게 말해도 안 되는 건 안 돼.

F 군: 무서워!

어머니: 뭐가 무섭니? 저 골목길만 지나면 원래 다니던 길이 나올 텐데.

F 군: 길이 전혀 달라.

어머니: 조금 돌아가는 것뿐이야. 평소랑 거의 똑같아.

F 군: 아냐, 완전히 달라.

어머니: (손을 잡아끌며) 자, 가자. (뭐가 다르다는 거지? 이해할 수가 없네.)

F 군: ……. (평소 다니던 길이 아니야. 너무 무서워.)

G 양은 수학 문제를 풀다가 옆자리에 앉은 H 군에게 풀이를 가르쳐 달라고 말을 걸었다.

G 양: 저기, 이 문제 좀 가르쳐 줘.

H 군: 아아, 여기에 선을 그어서 삼각형을 만들면 돼.

G 양: 아, 그렇구나. 그러면 여기가 사각형이 되니까, 면적이 만들어지는 거네?

H 군: 맞아. 그리고 이 선 길이는 여기랑 같아. (잠깐, 너무 가까운데? 왜 이렇게 가까이 붙지? 설마 나 좋아하나?)

친구I: 우리 여름 방학 때 놀러 가기로 한 거 말인데.

G 양: 맞다! 지금 갈게.

H 군: 어, 야! (뭐야. 수학 문제 알려 달라더니. 왜 저렇게 제멋대로야?)

친구I: 그건 그렇고. H 군이랑 뭘 그렇게 사이좋게 이야기해?

G 양: 무슨 얘기 중이었더라? 맞아! 수학 문제를 물어봤어.

감각 과민이나 감각 저하와 같은 감각 문제를 안고 있는 자폐 스펙트럼 장애인은 일상생활에서 다양한 고민과 괴로움을 안고 산다. 대부분은 비장애인이 이해하기 어려운 고통이다. 가령 평소와 다른 길을 무서워하는 감각은 장애인 당사자가 자각하고 있지만, 신경 쓰이는 일에 관심이 쏠려 버리는 감각은 당사자가 자각하지 못한다. 그래서 감각 문제는 인간관계를 망가뜨리고 고통으로 이어져 버린다.

　이번 장에서는 감각 문제에서 생겨난 자폐 스펙트럼 장애인이 겪.
는 고통을 설명한다.

감각 문제 때문에 느끼는 고통

'감각 문제'를 안고 있는 자폐 스펙트럼 장애인이 보는 세상

제2장, 제3장에서 자폐 스펙트럼 장애인 대부분이 '감각 문제'를 안고 있다는 사실을 설명했다.

감각 문제는 감각 과민과 감각 저하로 나눌 수 있다. 감각 과민은 주위 소리나 냄새, 맛, 접촉 등 외부 자극을 과도하게 느끼며 심한 고통과 함께 불쾌감을 느끼는 현상이고, 감각 저하는 통증, 기온, 컨디션 난조 등을 잘 느끼지 못하는 현상이다. 어느 한쪽이 아닌 두 가지 모두를 갖는 자폐 스펙트럼 장애인도 있다는 사실도 앞서 설명했다.

그리고 어느 정도 '억제기'를 사용하는 비장애인과는 달리, 자폐 스펙트럼 장애인은 있는 그대로 정보를 처리할 가능성이 있으며 '뇌가 지닌 특성' 때문에 정보를 과다하게 받아들일 수 있다고도 설명했다.

그렇다면 자폐 스펙트럼 장애인이 일상생활에서 '감각 문제' 때문에 느끼는 고통의 크기는 어느 정도일까?

지금까지 연구에 협조해 준 자폐 스펙트럼 장애인들, 그리고 작업 치료사로서 매일 자폐 스펙트럼 장애 아동과 보호자를 대하는 간사이 의과대학의 마쓰시마 가나에 선생님(연구 협력자이기도 하다)께서 더해 주신 생생한 의견을 바탕으로 자폐 스펙트럼 장애인들이 사는 '세계'를 이해하고자 한다.

'늘 가던 길로 가고 싶다'라는 말에 숨겨진 불안과 공포

어린 자폐 스펙트럼 장애인들은 변화를 싫어하는 경향이 있다. 항상 가던 길로만 가려고 하고 다른 길은 거부하는 태도를 보면 알 수 있다. 자폐 스펙트럼 장애인들이 변화를 왜 그렇게 싫어하는지, 그 이유까지는 비장애인 대부분은 알지 못한다.

비장애인은 단순히 길이 다를 뿐, 목적지까지 문제없이 도착할 수 있으므로 특별히 불안해하지 않는다. 길이 평소와 달라져도 괜찮은 이유는 무엇일까? 쉽게 설명하자면 비장애인은 막연하게 정보를 수집하기 때문이다. 여기에는 뇌에 걸리는 부하를 줄이려는 '억제기'와 관련이 있을 수도 있다.

그렇다면 '억제기' 없이 정보를 처리하는 자폐 스펙트럼 장애인은 어떨까? '평소와 같은 길'과 '평소와 다른 길'은 도로 폭, 표지판, 건물은 물론 가게에서 풍기는 냄새, 소리, 피부로 느끼는 미세한 진동이 다르다. 오감으로 느끼는 자극 모두 다 다른 것이다. 즉 '평소와 같은 길'과 '평소와 다른 길'은 전혀 다른 세상처럼 느껴질 가능성이 있다.

비장애인 역시 지금까지 자신이 경험해 본 적 없는 환경에 발을 들일 때는 불안과 공포를 느끼고, 되도록 상황을 피하고 싶어 한다.

따라서 주변 사람들은 자폐 스펙트럼 장애인이 보이는 행동을 관찰하면서, 단순히 다른 길이 아닌 처음 보는 세계로 느끼는 '감각'을 헤아려 볼 수 있을 것이다.

심각한 상처도 느끼지 못하는 감각 저하

자폐 스펙트럼 장애인 가운데에는 '손톱을 물어뜯는' 사람도 있다. 이 행동은 자기 조절을 관장하는 생리적 구조나 감각 저하가 관련할 가능성이 있다. 여기서는 감각 저하라는 관점에서 이 행동을 생각해 보기로 한다.

비장애인 관점에서는 충치를 치료하고자 잇몸에 마취할 때나 오랫동안 바르게 앉으면 다리가 저리는 경우를 떠올려 보면 감각 저하를 이해하기 쉽다. 이럴 때는 내 몸이지만 내 몸이 아닌 듯한 위화감이 느껴지고, 감각이 떨어진 부위(마취한 잇몸이나 저린 다리)가 내 몸인지 확인하고자 만져 보고 싶어진다.

자폐 스펙트럼 장애인이 '손톱을 물어뜯는' 행동 역시 위 사례와 비슷하다. 감각이 둔한 손끝에 강한 자극을 줘, 몸이 지닌 감각을 확인하려는 행동이라 추측할 수 있다.

비장애인이라면 '심각하게' 느끼는 부상도 감각 저하를 겪는 자폐 스펙트럼 장애인은 알아차리지 못한다.

자폐 스펙트럼 장애인은 감각 과민과 감각 저하를 같이 가지기도 하는데, 이때 주변 사람들은 감각 과민보다는 감각 저하를 기반으로 한 행동을 좀처럼 알아차리지 못한다. 그러므로 감각 과민과 감각 저하 모두 가질 수 있다는 사실을 전제해야 한다.

외부 자극을 느끼지 못하는 뇌 특성 때문에 정보 감도가 둔하다는 이유만으로는 감각 저하를 설명하기 어렵다.

뇌 특성 때문에 과도하게 받아들여지는 외부 자극을 다 처리하지 못하는 상황에서 무의식적으로 자신을 보호하고자 일부러 환경이 주는 자극을 극단적으로 차단(자극에 반응하지 않으므로 감각 저하로 보일 수 있음)하고 있을지도 모른다.

이런 감각에 관해서는 어릴 때 자폐 스펙트럼 장애 진단을 받은 콜로라도 주립대학의 동물학 교수인 템플 그랜딘Temple Grandin이 본인이 쓴 책을 통해 당사자 관점에서 구체적으로 설명하고 있다.

다른 사람과 물리적 거리가 가까워지기 쉽다

다른 사람과 얼마나 떨어졌는지 잘 파악하지 못하는 것 또한 자폐 스펙트럼 장애인에게서 볼 수 있는 경향이다. 심리적 거리(의사소통에 관한 고충)에 관해서는 다음에 이야기하기로 하고 여기서는 물리적 거리에 관해 설명하기로 한다.

'주변 사람 공간Peripersonal space(PPS)'이라는 말이 있다. '손이 닿는 범위' 혹은 '다른 사람이 쉽게 접촉할 수 있는 범위'라는 뜻이지만 '몸과 뇌가 떠올리는 공간'이라는 표현이 더 적절하다. 주변 사람 공간은 확장된다고 한다. 무슨 뜻일까?

가령 평소에 지팡이를 사용해 걷는 사람은 지팡이 끝에 장해물이 닿으면 '위험하다'고 느낀다. 지팡이 끝을 '신체 일부'로 인식하는 것이다.

이 감각은 확장하려는 성질이 있다. 주차장에서 차를 댈 때를 떠올려 보자. 사람마다 주차하는 실력은 차이가 있지만, 모두 차가 벽에 부딪히지 않게 하려고 한다. 차체를 마치 '내 몸'처럼 여기는 것이다.

이때 비장애인은 상황에 맞게 주변 사람 공간을 확장하면서 적절히 조절한다. 막연히 '자신'과 '외부 세계' 사이에 있는 경계를 인식하고 있기에 가능한 일이다.

그러나 감각 과민과 같이 감각에 문제가 있는 자폐 스펙트럼 장애인 대부분은 주변 사람 공간을 조절하는 데 애를 먹는다. 감각이 민감해 본인 몸에 관한 경계선을 매우 확실하게 긋기 때문이다. 자신과 외부 세계를 구분하는 기준은 내 몸 윤곽선 그 자체다. 가령 지팡이를 들고 있어도 지팡이가 내 몸 일부라고 느끼기는 어렵다.

내 주변 사람 공간이 확장된다는 감각을 가진 비장애인은 다른 사람의 주변 사람 공간도 확장될 수 있다고 인식하기 쉽다. 즉 상대방과 어떤 관계인가에 따라 어느 정도까지 다가가도 되는지를 달리한다.

그러나 자기 몸만이 자신과 외부 세계를 나누는 경계선이라 생각하는 자폐 스펙트럼 장애인은 상대방과 나 '사이'를 인식하지 못해 결국 물리적으로도 가까워지는 경향이 있다.

이런 특징을 주변 사람들이 문제로 인식하는 시점은 대개 이성에 흥미를 느끼기 시작하는 사춘기 무렵이다. 자폐 스펙트럼 장애 아동이 이성에게 호의를 가지고 의사소통하려고 할 때, 본인은 절대 가깝지 않다고 생각하지만, 상대방은 너무 가까이 다가온다고 생각하며 서로 간에 의식 차이가 생기기도 한다. 상대방 표정이나 몸짓과 같은 비언어적nonverbal 정보를 통해 상대방이 약간 언짢아한다는 사실을 눈치채면 좋겠지만, 자폐 스펙트럼 장애인은 상대방 감정을 알아차리기 어려워한다.

자폐 스펙트럼 장애인의 보호자나 주변 사람들은 자폐 스펙트럼 장애인이 지닌 신체 감각 특징 때문에 생기는 독특한 거리 감각을 파악해야만 '자폐 스펙트럼 장애인의 눈에 비친 세계'를 이해하고 공유할 수 있다.

'손과 발', '눈과 손'처럼 제각각 움직이는 운동이 서툴다

자폐 스펙트럼 장애인은 운동이 서툴다. 제3장에서 언급한 바와 같이 대부분 협응 운동(줄넘기, 한 발 뛰기, 공을 눈으로 쫓으며 차기 등 '손과 발', '눈과 손'처럼 따로 움직이는 기능을 하나로 모아 움직이는 운동)에 어려움을 느낀다. 나는 연구를 통해 뇌의 한 영역에 있는 GABA양(적음)이 서툰 운동 능력과 어느 정도 관련할 가능성을 확인했다. 자폐 스펙트럼 장애인 가운데에는 운동이 서툴다거나 운동 신경이 없다는 비난을 주변 사람에게 받아 마음에 상처를 입는 사람들이 많다.

다만 작업 치료사가 중재하거나 이른 시기에 전문적인 지원을 하면 운동이 서툰 경향을 어느 정도는 개선할 수 있다. 또 자폐 스펙트럼 장애인이 운동할 때, 가족이나 주변 사람들이 운동을 도우려면 자폐 스펙트럼 장애인의 '잣대'를 이해한 상태에서 조언하는 방법이 효과가 있다.

'30cm 자'를 예로 들어 보자. 비장애인이 가진 자는 '눈금이 1mm 단위로 촘촘하고', 운동이 서툰 자폐 스펙트럼 장애인이 가진 자는 '눈금이 1cm 단위로 듬성듬성하다'라고 볼 수 있다. 서로 눈금이 다른 자를 사용하고 있는 셈이다. 비장애인이 2mm 정도 몸을 움직이라고 하면 자폐 스펙트럼 장애인이 이해할 수 있을까? 아무리 mm 단위로 이야기한들 cm 단위인 자를 가진 사람은 그 차이를 이해하지 못해 몸을 조정하기 어렵다.

그래서 운동이 서툰 사람은 몸을 미세하게 조정하지 못해 대부분 '0 또는 100'이라는 극단적인 움직임을 취한다. 자 눈금 이야기는 어디까지나 예시지만, 상대방이 사물을 파악하는 데 사용하는 '잣대'에 따라 대응한다면, 자폐 스펙트럼 장애인에게 다가가는 방법이 크게 달라질 것이다.

갑작스러운 소리에 깜짝 놀란다

52쪽 그림처럼 자폐 스펙트럼 장애인은 오감 전체에 걸쳐 감각 과민을 겪는다.

공부하거나 일하는 공간에서 주로 하는 고민을 예로 들어 보자. 다른 사람에게는 평범한 조명등이 자폐 스펙트럼 장애인에게는 눈이 부실지도 모른다. 반 친구들이나 직장 동료들이 이야기하는 목소리가 너무 신경이 쓰이기도 한다. 다 같이 급식을 먹을 때 급식에서 느껴지는 자극이 너무 강해 어쩔 수 없이 편식하는 사람도 있다.

자폐 스펙트럼 장애인이 '어느 옷을 입으면 피부가 너무 따가워서 싫다', '색 대비가 강한 공책이나 책은 너무 밝아 눈이 아프다'와 같이 자신이 고민하는 점, 싫어하는 것, 피하려는 상황을 확실하게 표현한다면, 주변에서도 보다 이해하고 공감해 줄 수 있다. 하지만 아직 어리거나, 자신과 타인은 감각이 매우 다르다는 자각이 없는 사람, 지적장애가 있어 언어 표현이 서툰 사람은 '감각'이라는 주관적인 체험을 주변에 제대로 설명하지 못한다.

언젠가 지나치게 민감한 청각을 가진 여성에게 어떤 계기로 본인이 민감하다는 사실을 깨달았는지 물었다. 그는 자동차나 지하철이 울리는 경적, 개가 짖는 소리, 폭죽 소리와 같이 갑자기 나는 소리에 특히 민감하게 반응했다. 운동회에서는 출발을 알리는 신호총 소리가 가장 참기 어려웠다. 그래서 출발선에 서면 늘 귀를 막고 있었는데, 이를 신기한 듯 바라보는 주변 사람들 시선도 견디기 힘들었다. 그의 형제자매도 낮은 학년 때는 그와 똑같이 행동했지만, 학년이 올라가면서 그렇게 행동하지 않게 됐다고 한다.

어떤 명확한 계기가 있었다기보다는 학년이 올라가면서 다른 사람과 함께 행동할 기회가 늘어났기 때문에 자신이 겪는 민감함을 자각하게 된 것 같다고 한다. 같이 불꽃놀이를 보러 간 친구들은 폭죽 소리를 듣고도 아무렇지도 않은데 자기 혼자만 귀를 막고 있는 상황과 같은 일이 늘어났다. 나와 주변 사람들을 비교할 기회를 마주하면, 내 행동을 바라보는 외부 시선을 통해 서로가 어떤 일을 받아들이는 법이 다르다는 사실을 깨닫기도 한다.

그 여성 역시 자신이 민감할지도 모른다고 깨달으면서 본인만의 대처 방법을 생각하게 됐다고 한다. 첫 번째는 직접 만든 귀마개를 사용하는 일이었다. 둥글게 말아 물에 적신 화장지로 귀를 막고 주변 사람들이 알아차리지 못하도록 항상 머리카락을 내리고 있었다. 그는 지금도 노이즈 캔슬링 이어폰을 즐겨 쓰고 있는데, 큰 소리가 날 것 같으면 이어폰을 착용한다고 한다.

민감하다는 사실이 창피해 줄곧 가족이나 친구, 선생님, 그 밖에 다른 누구에게도 자신이 겪는 민감함을 털어놓을 수 없었다고 한다. 자기 약점을 주변에 밝히는 것과 다름없다고 생각했기 때문이다. 자기 약점을 주변에 밝히기가 창피하다고 생각한 경험은 누구나 한 번쯤 있기 마련이다. 집단에서 소외되거나 무시를 당하거나 이상한 사람으로 오해받고 싶지 않다는 생각이 어쩌면 감각 과민에 따른 고민을 주변 사람들에게 털어놓지 못하고 혼자 끙끙 앓게 되는 원인일지도 모른다.

감각 과민에 관한 과학적인 지식이 널리 퍼져, 감각 과민이 단순히 기분 문제 때문에 발생하는 특성이 아니라는 사실을 모두가 이해할 수 있기를 바란다.

추위나 더위 때문에 느끼는 찌르는 듯한 통증

자폐 스펙트럼 장애인은 온기를 지각하는 '온각', 냉기를 지각하는 '냉각'에 관한 특성도 나타낸다.

미국 밴더빌트 대학의 카리사 카시오Carissa Cascio 부교수를 비롯한 연구진이 2008년에 발표한 실험 결과에 따르면, 자폐 스펙트럼 장애인과 비장애인 사이에서 온각과 냉각 모두 감도에 큰 차이가 없었다. 하지만 온도 자극에 따른 통증 감각을 보면 자폐 스펙트럼 장애인이 역치가 낮다는 사실이 확인됐다.

겨울에는 따뜻한 방에서 추운 문밖으로 나가면 추워서 손과 얼굴이 금세 차가워진다. 비장애인은 참을 수 있는 추위라도, 온도 자극에 따른 통증 감각이 민감한 자폐 스펙트럼 장애인은 손과 얼굴에 '찌르는 듯한 통증'을 느낄 수 있다.

자폐 스펙트럼 장애인은 자극에 순응하기 어렵다는 특성 탓에 고통을 더 심하게 겪는다. 비장애인은 처음에는 아무리 추워도 피부가 자극에 순응해 금세 추위에 익숙해진다. 그러나 자폐 스펙트럼 장애인은 시간이 흘러도 추위에 따른 통증이 사라지지 않는다.

온도 자극에 따른 통증 감각은 '추위'뿐 아니라 '더위'에서도 발생한다. 뜨거운 햇볕 아래 있다 보면 피부가 따가울 정도로 타기도 한다. 비장애인이 약간 덥다고 느끼는 기온이라 하더라도 자폐 스펙트럼 장애인은 피부에 통증을 느낄 수 있다.

사례 6

너무 신경이 쓰여 일이 손에 잡히지를 않는다

대학생인 J 씨가 토론 수업에서 발표하게 됐다.

교수: 그럼 다음은 J 씨. 앞으로 나오세요.

J 씨: 네.

교수: 안색이 좋지 않군요. 괜찮나요?

J 씨: 네, 네……. 괜찮습니다…….

교수: 그럼, 시작하세요.

J 씨: ……(침묵). (어떡해. 모두 날 보고 있어.)

교수: 무슨 문제 있나요?

J 씨: ……(침묵). (다들 '네가 얼마나 잘하는지 두고 보자'고 생각하고 있겠지……?)

교수: J 씨? J 씨? (첫 발표라 긴장한 걸까? 그렇다면 좋은 경험이 되겠지.)

J 씨: ……(침묵). (그렇겠지……? 지금까지 잘한 적도 없잖아. 내가 다른 사람들처럼 잘할 리가 없어. 어차피 이번에도 망치고 말 거야…….)

수업이 끝나고 J씨는 일단 집에 들르기로 했다.

집에서 나온 J씨는 아르바이트를 하러 가기 위해 서둘렀다.

J 씨: (잠깐, 현관문을 잠갔던가?)

– 집으로 돌아가 확인한다 –

J 씨: (잠갔구나……, 서두르느라 땀이 다 났네. 세수라도 하고 가자.)

– 다시 출발 –

J 씨: (잠깐, 세수하고 세면대 물을 잠갔던가? 현관문은 어땠지?)

– 다시 귀가 –

J 씨: (다 잠갔구나.)

– 역으로 향한다. 그때 전화가 온다 –

J 씨: 죄송해요, 점장님! 15분이면 도착해요. 정말, 정말 죄송합니다! (아무리 확인해도 조금만 시간이 지나면 너무 불안해져. 도대체 어떻게 해야 안심할 수 있을까?)

자폐 스펙트럼 장애인 가운데에는 불안장애로 고민하는 사람도 많다. 불안장애는 크게 사회불안장애(주변에서 자신에게 집중할 때 심한 불안과 공포, 긴장감을 느낀다)와 강박장애(강박 관념이 강박 행동을 불러와 일상생활에 영향을 끼친다)로 나뉜다. 어떤 사람은 두 가지 장애를 모두 가지고 있다.

여기서는 자폐 스펙트럼 장애인이 불안장애를 어떻게 겪고 있는지 사정을 돌아보고, 불안장애를 조금이라도 완화하고자 주변 사람들이 해야 할 일을 설명하기로 한다.

불안장애의 고민

동시에 여러 불안장애로 고민하는 자폐 스펙트럼 장애인

자폐 스펙트럼 장애인은 사회불안장애와 강박장애가 동시에 발생하기 쉽다는 연구 결과가 있다.

2019년 덴마크에서 약 3만 명을 대상으로 인구 통계 데이터를 이용해 조사한 결과를 보면 불안장애가 나타날 확률은 약 20%이다. 미국 케네디 크리거 연구소Kennedy Krieger Institute의 로마 바사Roma Vasa 부교수가 2014년에 발표한 조사 등을 고려하면 약 20~40%, 즉 자폐 스펙트럼 장애인 다섯 명 중 한두 명은 불안장애를 겪을 가능성이 있다는 이야기다.

영국 브리스톨 대학교의 명예 아카데믹 클리니컬 펠로우Academic Clinical Fellow인 빅토리아 니모 스미스Victoria Nimmo Smith는 2020년에 발표한 조사를 통해, 자폐 스펙트럼 장애인은 비장애인에 비해 불안장애 가운데에서도 사회불안장애와 강박장애가 있을 확률이 특히 높다고 보고했다.

첫 번째로 사회불안장애는 사교불안장애라고도 한다. 주변 사람들이 주목하는 상황에서 실수하면 창피를 당할지 모른다는 심한 불안과 공포를 느끼고 긴장하는 경우를 가리킨다.

　사회불안장애를 지닌 사람에게 불안을 느낄 때가 언제인지 물어보았다. 그는 유년기를 해외에서 보낸 뒤 초등학생 때 일본 초등학교로 전학을 왔다. 일본 학교는 집단에서 협조하는 태도를 중시하는 문화였으므로 자기만 동떨어져 행동하지 않도록 부단히 노력했다고 한다. 처음에는 같은 반 친구들이 자기만 모르게 의사소통 훈련을 받는 줄 알고, 본인도 TV를 보면서 사람들이 언제 맞장구를 치는지, 웃는지, 집중하는지를 공부했다. 이렇게 조금씩 자신을 위장해 나갔다고 한다(위장에 관해서는 나중에 설명하기로 한다). 남들과 다르게 행동하면 동급생 무리에서 소외될 수 있다는 불안에서 비롯된 행동이었다.

　특히 이른바 스몰토크가 어려웠다고 한다. 업무처럼 구체적인 내용을 이야기할 때는 전혀 긴장하지 않았지만, 목적이 없는 가벼운 대화를 할 때는 매우 불안했다. 가령 나이가 비슷한 사람과 식사할 때는 대화에 끼고 싶은 듯한 느낌을 줘야 하고, 이야기할 때는 눈을 마주쳐야 하는 등 다양한 상황에서 불안을 안고 있었다. 스몰토크를 할 때 자신은 비장애인이 무엇을 기대하는지 속으로 짐작했다고 한다. 그리고 비장애인이 기대하는 바를 자신이 반응할 수 있을지 신경이 쓰였는데, 흡사 외나무다리에서 떨어지지 않으려고 균형을 잡는 심정이었다고 이야기했다.

　그와 대화를 나누며 자폐 스펙트럼 장애인을 좀 더 이해할 수 있었다. 자폐 스펙트럼 장애인들은 자신이 대답을 잘못하면 상대방이

화낼까, 불쾌하지는 않을까 하는 불안을 느끼며 비장애인 집단에서 겉도는 존재가 되지 않도록 늘 노력하고 있었다.

'자폐 스펙트럼 장애인은 사회에 관한 정보에 관심이 없다'라는 인상이 뿌리 깊기 때문인지 사회불안장애가 차지하는 비율이 높다고 하면 의외라고 느끼는 사람도 있을지 모른다.

실제로 자폐 스펙트럼 장애인은 사회에 관한 정보에 둔감하지 않다. 오히려 정보를 받아들인 다음에 보이는 반응이 비장애인과 달라서 쌓이는 실패 경험이 많다 보니, 사회에 관한 정보에 민감해지고 심하게 불안해하는 경우가 많다고 볼 수 있다.

일상생활에 많은 영향을 미치는 강박장애

두 번째로 강박장애는 본인 의사와는 달리 머릿속에 떠오른 생각이 떠나지 않고(강박 관념), 강박 관념 때문에 생겨난 불안을 해소하고자 계속 같은 행동을 반복함으로써(강박 행동) 일상생활에 영향을 주게 되는 상태를 가리킨다.

더럽다고 생각해(강박 관념) 지나치게 손을 씻거나(강박 행동), 문이 제대로 닫히지 않은 것 같아 불안해(강박 관념) 몇 번이나 확인하거나(강박 행동), 순서를 따르지 않으면 안 좋은 일이 일어날 것 같아 불안해(강박 관념) 항상 같은 순서대로 일하거나 집안일을 한다(강박 행동). 또한 점괘 결과를 고집해(강박 관념) 미신을 단순히 믿는 정도를 넘어 집착하기도 하고(강박 행동), 같은 상태를 유지하지 않으면 불안을 느껴(강박 관념) 사물을 정리하고 배치하는 일에 집착한다(강박 행동). 불안을 느끼는 상황을 억제할 수 있다면서 학습한 행동(강박 행동)을 무의식적으로 반복하고, 이런 행동이 안정된 일상생활을 방해할 정도로 심각해진다.

싸우거나, 도망가거나, 그 자리에 멈추거나

불안이란, 위험이 닥쳤을 때 몸을 지키고자 적절하게 긴장감을 높여주는 매우 자연스러운 생체 반응이다. 불안하면 자율 신경에 있는 조절 기능이 작용해 심박수와 맥박이 빨라지고 땀이 많이 난다. 그리고 '투쟁-도피 반응(Fight or Flight)'으로 부르는 자기방어 반응, 즉 '위험한 대상에 맞서느냐, 도망가느냐' 가운데 하나를 택하기 쉬운 상태에 빠진다.

'투쟁-도피 반응' 이외에 '경직(Freezing, 몸이 굳다)' 반응이 나타나기도 한다. 위험한 상황에서 자기방어 반응을 취하지 못한 상태를 뜻한다. 공포를 느끼는 상태에서 취한 행동이 상황을 낫게 하지 못하는 경험을 반복하면, 무슨 일을 해도 상황은 변하지 않는다고 스스로 학습하게 된다.

공포 가득한 불안한 표정 때문에
자폐 스펙트럼 장애인은 불안이 심해진다

투쟁, 도피, 경직 등 불안에 따른 반응은 다양하다. 자폐 스펙트럼 장애인은 이런 반응 때문에 불안장애를 가지게 되는 경우가 많다. 자폐 스펙트럼 장애인이 어떤 상황에 불안이 커지는지를 알아보자.

우선 불안하거나 공포에 찬 표정을 보았을 때다. 공포에 찬 표정이 찍힌 사진을 본 자폐 스펙트럼 장애인은 다양한 변화(줄무늬 대비에 관한 감도가 올라가거나 조금만 각도가 어긋나도 바로 알아차린다)를 보였다. 이때 fMRI로 뇌 활동을 측정하면, 공포나 불안과 같은 부정적인 감정에 깊이 관여하는 뇌 편도체의 신경 활동이 활발해진다고 한다. 내가 속한 연구진은 연구를 통해 시각 자극에 관한 시간 해상도도 올라간다는 사실을 밝혀냈다. 즉 자폐 스펙트럼 장애인은 불안하거나 공포에 찬 표정을 보면 자극에 더욱 민감해지는 것이다.

두 번째는 스트레스를 받는 환경에 있을 때나 몸 상태가 나빠질 때다. 우리 연구팀은 공포에 찬 표정이 찍힌 사진을 제시했을 때 '시간 해상도 향상 효과'와 '불안 강도와의 관계'를 상태-특성 불안 검사State-Trait Anxiety Inventory(STAI)를 이용해 검토했다. 그 결과 상태 불안(이 경우는 실험 장면에서 불안이 얼마나 높은지를 의미)이 심한 자폐 스펙트럼 장애인일수록 험악한 얼굴 사진을 봤을 때 시간 해상도가 상승한 정도가 컸다.

자폐 스펙트럼 장애인들은 주로 회사나 학교에서 발표하기 전이나 몸이 안 좋다고 느꼈을 때 감각 과민이 심해졌다고 이야기했다. 그러므로 주변 사람들이 불필요한 표정으로 상대방에게 분노와 혐오를 드러내지 않는다면 자폐 스펙트럼 장애인이 느끼는 불안을 억제할 수 있다고 본다.

자폐 스펙트럼 장애인은 감정적인 표정을 보고 불안해하기 쉽지만, 반대로 표정을 읽는 데 서툰 경향이 있다는 사실도 알려졌다. 상대가 드러낸 표정 때문에 자폐 스펙트럼 장애인은 상대방이 어떤 감정인지 읽지 못한 채 막연하게 불안해할지도 모른다. 자폐 스펙트럼 장애인에게 자기 의사를 전달하려면 확실하게 말로 전달해야 불필요한 불안감을 주지 않을 수 있다.

또한 자폐 스펙트럼 장애인은 스트레스를 받거나 컨디션이 떨어지면 감각이 민감해지기도 한다. 스트레스가 쌓이는 환경을 확인하고 스트레스를 주는 요인을 최대한 제거해야 하며, 또한 몸 상태가 나빠지기 쉬운 환경을 파악해 그럴 때는 무리하지 않도록 해야 한다.

사례 7

다른 사람들은 무슨 이야기를 할까?

한 초등학교 점심시간에 K는 친구인 L, M과 이야기를 나누고 있다.

K 씨: 그래서 내가 L이랑 철봉을 하러 갔었는데.

친구 L: 맞다. 그때 M은 나중에 왔잖아.

K 씨: 어, 음……. 맞다. 그때 나랑 L이…….

친구 M: 맞아, 그랬지. 근데 L이 '둘 다 앞구르기 가능?' 이러더니 딱 보여 줬잖아.

친구 L: 맞아! 그 전날에 성공했거든. 완전 신나서 자랑한 거야.

친구 M: 기억나! 진짜 잘하더라!

친구 L: 엄마랑 같이 일요일에 연습했어. 이제 문제없다구!

친구 M: 짱이다. 너네 어머니 철봉 잘하셔?

K 씨: ……(침묵). (그날 L이랑 같이 철봉 옆에 있었고, 나중에 M 이 거기로 왔었고…….)

친구 L: 응! 앞 구르기든 뒤 구르기든 다 잘해!

친구 M: 우와! 그럼, 지금 가르쳐 주실 수 있나? K, 우리도 L네 어 머니께 배우러 가자!

K 씨: 어, 그래……. (음, 그러니까…, 애네 둘은 무슨 이야기를 한 거지?)

고등학교 점심시간. K는 친구인 N, O, P와 이야기를 나누고 있다.

친구 N: 어제 O랑 둘이 카페에 갔었는데, 글쎄 엄청 훈남이 들어
오는 거야!

친구 O: 맞아, 맞아! 진짜 잘생겼더라!

친구 P: 그래? 어떤 느낌인데?

친구 N: 완전 K 취향이야.

친구 O: 맞아, 백퍼야.

K 씨: 하하. (무슨 말인지는 잘 모르겠지만, 일단 웃자.)

친구 N: 그런데 그 훈남이 우리 옆자리에 앉는 거야! 완전 미쳤지.

친구 O: 맞아, 맞아. 미쳤어.

K 씨: 진짜 미쳤네. (이해는 안 되지만, 아무튼 그랬나 봐.)

친구 P: 와, 좋았겠다. K, 다음엔 우리도 같이 가 보자!

K 씨: 그래, 그러자! (왜 그래야 하는지는 몰라도, 일단은 맞장구를
치는 게 맞겠지.)

　나무를 보고 숲은 보지 않는 경향이 있는 자폐 스펙트럼 장애인 가운데에는 의사소통하는 방법을 몰라 고민하는 사람도 있다. 나는 자폐 스펙트럼 장애인이 보이는 '자기중심적 편향(나를 중심으로 세상을 받아들이는 견해)'도 의사소통과 관련한 고민 가운데 하나라고 생각한다.

　반면 의사소통에 관한 고민을 안고 살아가면서 위장(거짓으로 꾸미는 기술)하는 자폐 스펙트럼 장애인도 있다.

어렵기만 한 의사소통

대화에 끼기 어렵다

　대인 관계에 관한 고민을 안고 있는 자폐 스펙트럼 장애인이 많다. 특히 대화에 끼기 어렵다는 고민이 가장 많다. 친구들과 대화를 주고받다가도 본인만 중간부터 대화 내용을 이해하지 못하겠다고 한다. 이런 고민이 생겨나는 이유는 무엇일까?

　자폐 스펙트럼 장애인이 가진 '나무를 보고 숲은 보지 않는다'는 경향이 한 요인일지도 모른다. 대화를 하려면 문맥과 관계성, 전체적인 내용을 파악하는 작업이 필요하다. 대화 가운데 젊은 사람들 사이에서 유행하는 '미쳤다'라는 말이 나왔다고 치자. 현재 이 '미쳤다'라는 말은 사용 범례가 확장돼, 본래 뜻인 '정신이 나가다' 이외에도 맛있다, 재미있다, 예쁘다, 대단하다 등 다양한 상황에서 사용할 수 있다. 그러므로 "지금 A가 B에게 '재미있다'라는 뜻으로 '미쳤다'라고 말했다"와 같이 문맥, 관계성, 전체적인 내용을 짐작해야 한다. 대화라는 행위는 '숲=전체'를 대략 파악할 수 있는 비장애인에게는 자연스러울지 몰라도, '나무=부분'을 세세하게 보는 자폐 스펙트럼 장애인에게는 어려울 따름이다.

대화에 끼기 어렵다고 고민하는 자폐 스펙트럼 장애인은 토론 형식을 갖춘 수업이나 회사 업무 회의에서 이야기하는 내용을 이해하지 못해 힘들어할지도 모른다. 또한 학교나 회사에서 주변 사람들과 보내는 쉬는 시간마저 불안하게 느끼며 일상생활 속 다양한 상황에서 괴로워할 여지가 있다.

자폐 스펙트럼 장애인이 나무를 보고 숲은 보지 않는 경향과 관련해 '자기중심적 경향'과 '타인 중심적 경향' 개념도 설명하기로 한다. '중심적(centric)'이라는 낱말과 '자기(ego)', '타인(allo)'이라는 낱말이 결합해 자기중심적(egocentric), 타인 중심적(allocentric)이라는 뜻을 이룬다.

비장애인 대부분은 세상을 '타인 중심'으로 받아들인다. 나 이외에 세 명(A, B, C)이 있다고 한다면 이곳에는 나를 비롯해 네 명이 있고, 나와 A가 관계를 맺은 것처럼 A와 B, B와 C도 관계를 맺고 있다는 느낌으로 받아들인다.

한편 자폐 스펙트럼 장애인은 세계를 '자기중심'으로 받아들이기 쉽다. 앞서 든 예와 마찬가지로 나 이외에 세 명(A, B, C)이 있다고 가정했을 때, '나와 A, 나와 B, 나와 C'와 같이 나와 타인이 맺는 관계성은 이해하고 있지만, 'A와 B, B와 C'처럼 타인끼리 맺는 관계성을 이해하는 감각은 없는 것 같다.

자폐 스펙트럼 장애인이 안고 있는 의사소통에 관한 고민은 여러 사람과 이야기할 때 엿볼 수 있다. 자폐 스펙트럼 장애인이 자기중심적 경향으로 세상을 받아들이는 특성 때문에 고민하게 된다고 생각한다. 즉 자신을 제외한 다른 사람끼리 이야기하고 있는 상황(가령 A와 B가 이야기하고 자신은 그 이야기를 듣고 있음)을 한 차원 높은 시각에서 내려다보지 못하는 것이 아닐지 추측한다.

자기중심적 경향

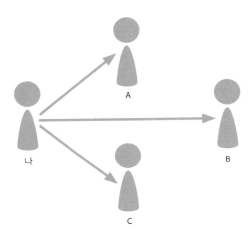

타인 중심적 경향

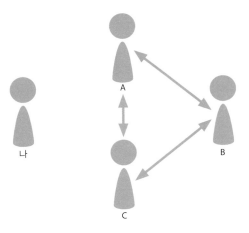

의사소통에 관한 고민과는 약간 다른 이야기인데, 자폐 스펙트럼 장애 아동에게 사람을 그려 보라고 하면 사람을 너무 크게 그려 머리나 다리가 종이 밖으로 벗어나기도 한다. 이런 일은 비장애인 아이들에게서는 찾아보기 힘들다.

그 이유는 무엇일까? 비장애인 아이들은 종이를 하나의 '틀'로 받아들여 종이 크기에 맞게 그려야 한다고 생각하기 때문이다. 이는 타인 중심적 경향으로 보는 시각이라고 할 수 있다.

한편 자폐 스펙트럼 장애 아동이 그린 그림이 종이를 벗어나는 이유는 종이 크기를 하나의 '틀'로 인식하지 못하기 때문이다. 이들은 위치나 크기, 길이 등을 자기중심적 경향으로 보는 시각에서 정하므로 종이에 맞는 얼굴 위치나 전체적인 크기를 생각하지 못한다.

제5장에서도 다루겠지만, 어느 것이 더 좋다거나 뛰어나다는 논의는 의미가 없다. 개인적으로 틀을 의식하지 않고 자유롭게 그림을 그리는 것도 멋진 일이라고 생각한다.

위장으로 숨기려 한다

또한 자폐 스펙트럼 장애인이 겪는 의사소통에 관한 고민으로 '위장camouflage'을 들 수 있다. 자폐 스펙트럼 장애인이 비장애인과 의사소통할 때, 자폐 스펙트럼 장애 특성이 눈에 띄지 않도록 비장애인 언행을 흉내 내거나 장애 특성을 숨기려 하는 행동을 가리켜 위장이라고 한다. 이 행동은 의식적일 때도 있고 무의식적일 때도 있다. 비슷한 표현으로 '자폐 특성 위장', '마스킹masking', '보상compensation', '가짜 모습', '연기' 등이 있다.

위장은 남들을 따라 하는 행위다. 어떤 사람이 하는 말을 듣고 모두가 웃음을 터뜨릴 때, 왜 재밌는지는 잘 모르겠지만 일단 따라 웃고 보는 것이다. 이렇게 해서 자폐 스펙트럼 장애 특성을 감추려고 한다.

자폐 스펙트럼 장애인이 시도하는 위장은 대화뿐 아니라 일상 속 다양한 행동에서 나타난다. 예를 들어 어린이집이나 유치원에 다니는 아이 가운데에는 사실 '영웅놀이'를 싫어하는데 손가락질을 받기 싫으니 참으며 놀이를 한다거나, 찰흙 냄새가 역겹지만 다들 재미있어하니 차마 혼자만 찰흙을 만지기 싫다고는 말하지 못하는 아이가 있을지도 모른다. 또, 아침에 친구들이 선생님께 인사하는 소리가 너무 커서 짜증이 나지만 인사하지 말라고 할 수는 없어 참거나, 다른 아이가 가지고 놀던 장난감은 만지기 싫다고 말하면 응석 부리지 말라며 혼날 것 같으니 꾹 참는 아이도 있겠다.

자폐 스펙트럼 장애인은 자기 특성을 가리는 위장을 하며 다양한 '이점'을 얻을 수 있다. 실제는 어떨지 몰라도 일단 주변 사람들과 원만하게 의사소통할 수 있고 진학이나 취직 등 인생의 전환점을 맞이할 때 불이익을 받는 일도 없다. 그러나 위장은 커다란 '불이익'을 낳기도 한다. 행동을 끊임없이 통제하려고 하므로 심한 스트레스를 받게 되고 정신적으로 피폐해지며 우울감이나 불안으로 이어질 위험도 있다. 또한 '가짜 모습'으로 살고 있으니, 자존감이 떨어진다고 한다.

 지적장애가 없는 고기능 자폐 스펙트럼 장애인은 어릴 때부터 무의식적으로 위장하며 자연스럽게 사회생활을 영위한다. 그래서 주변 사람들이나 심지어 본인까지 자폐 스펙트럼 장애 특성이 있다는 사실을 좀처럼 눈치채지 못하기도 한다. 정확한 이유는 알 수 없지만, 남자보다 여자가 위장하는 일이 많고 주변 사람들과 본인 모두 자폐 스펙트럼 장애 특성을 알아차리기 어렵다고 한다.

 환경이 확 바뀌면 위장이 어려워지기도 한다. 대학 진학이 대표적인 예다. 고등학교까지는 오랜 친구들과 함께 지냈으므로 위장할 수 있다. 하지만 대학교에 진학하면 친구들도 바뀌고 자취를 하게 되면서 생활 방식도 바뀐다. 따라서 지금껏 했던 위장이 통하지 않아 자폐 스펙트럼 장애 특성이 드러나고 만다.

 이렇듯 진학, 취직, 이직 등 인생의 전환점을 계기로 자신이 지닌 자폐 스펙트럼 장애 특성을 깨달았다는 사람도 많다.

다른 사람들은 어떻게 멀티태스킹이 가능할까?

한 초등학교에서 피난 훈련을 하고 있다. Q 군은 피난 행렬에 서지 않고 좋아하는 퍼즐만 계속하고 있다. 최근 반년 동안 Q 군은 쉬는 시간만 되면 퍼즐을 맞춘다.

선생님: Q 군. 지금은 훈련 시간이야. 줄을 서야지.

Q 군: 저는 괜찮아요.

선생님: 선생님도 네가 퍼즐을 좋아하는 건 잘 알아.

Q 군: ……(침묵).

선생님: 하지만 이건 대비 훈련이니 꼭 해야 해.

Q 군: 나는 퍼즐 맞출 거예요.

선생님: 이제 친구들은 운동장으로 나갈 거야. Q 군도 어서 가자.

Q 군: 나는 이거 할 거라고요! (나는 다른 일은 하고 싶지 않다고. 제발 내버려 둬.)

선생님: 하지만, 이건 중요한 훈련이란 말이야. (어떻게 해야 흥미나 관심이 없는 일도 체험하게 할 수 있을까?)

135

대학 새내기인 Q 군은 점심시간에 캠퍼스에서 혼자 벤치에 앉아 있다. 동기인 R 군과 S 군이 말을 건다.

친구 R: 어, Q잖아. 다음 강의 뭐 듣냐?

Q 군: 음, 난 수업 없어.

친구 S: 학식 싸고 맛있더라. 너도 가서 먹어 봐.

Q 군: 아, 그래…….

친구 R: 아 참, 어느 동아리 들어갈지 정했어? 수업 끝나면 몇 군데 돌아볼 생각인데, 같이 안 갈래?

Q 군: 아, 아니야. 난 괜찮아.

친구 S: 약속이라도 있어?

Q 군: 아, 뭐……. 미안.

친구 R: 알았어. 그럼, 우린 수업이 있어서 간다. (되게 선 긋네.)

친구 S: 내일 보자. (얘는 우리랑 친해지기 싫은가?)

Q 군: 응……. 내일 봐. (수업에, 점심에, 동아리까지……. 대학에 들어오니 뭐든 내가 다 정해야 하네. 숨 막혀.)

내가 좋아하는 일과 좋아하지 않는 일이 확실한 자폐 스펙트럼 장애인은 한 가지 일에 열중하는 경향이 있다. 그만큼 흥미나 관심이 없는 일에는 눈길도 주지 않으므로 행동반경이 좁아지고 사회 활동에 필요한 경험을 하지 못하기도 한다.

자폐 스펙트럼 장애인은 순서가 정해진 하나의 행동에는 차분히 집중하지만, 임기응변으로 대처해야만 하는 행동은 어려워하는 경향이 있다. 그래서 스스로 선택해 행동하거나 우선순위를 결정해 대응해야 하는 단계에서 좌절을 맛보기도 한다.

행동에 관한 고민

그만둘 때를 잡기 어렵고, 행동반경이 좁아지기 쉽다

　나무를 보고 숲은 보지 않는 경향이 있는 자폐 스펙트럼 장애인은 자신이 흥미, 관심, 호의를 가지는 일에만 계속 집중하는 면이 있다. 그래서 행동을 그만둘 시점을 잡기 어려워한다. 유치원이나 어린이집, 초등학교에서 수영 수업을 정말 좋아하는 자폐 스펙트럼 장애 아동이 있다고 가정해 보자. 이 아이는 선생님이 점심시간이므로 수영장에서 나오라고 해도 계속 수영하고 싶은 마음에 수영장에서 나오지 않으려 한다. 억지로 수영을 그만두게 하면 화를 참지 못하고 울부짖으며 항의하기도 한다.

　자폐 스펙트럼 장애인은 자신이 좋아하는 것이 확실하고 고집이 센 경향이 있다. 미술을 좋아해 벽에 계속 그림을 그리거나, 느낌이 마음에 든다는 이유로 계절과 상관없이 일 년 내내 같은 옷만 입기도 한다. 이와 같은 경향 때문에 보호자나 주변 사람들 대부분은, 자폐 스펙트럼 장애인이 행동하는 범위가 좁아진다거나 다양한 체험을 하지 못한다거나 사회생활에 필요한 최소한의 규범을 익힐 기회를 발견하기 힘들다는 고민을 털어놓는다.

　항상 같은 행동을 반복하기 마련인 자폐 스펙트럼 장애인은 한 번도 한 적이 없는 행동을 해야 하거나, 지금까지 체험한 적이 없는 일을 체험해야 하거나, 호불호와 상관없이 무슨 일을 배워야 하는 상황을 마주하면 부정적인 반응을 보이기 쉽다.

'행동하는 이유'를 관찰하고 생각해 행동 배경을 추측한다

　나무를 보고 숲은 보지 않는 자폐 스펙트럼 장애인은 순서가 정해진 어떤 행동에는 잘 집중하지만, 임기응변으로 대처하기는 어렵다. 그래서 이들은 '학교 쉬는 시간'이 큰 고민거리다. 수업 시간은 몇 시 몇 분에서 몇 시 몇 분까지 정해진 시간이 있고, 수업 때는 웬만하면 선생님이 중재한다. 알맞게 짜인 순서와 흐름이 있어 기본 규칙을 따르기만 하면 충분히 대처할 수 있다.

　하지만 쉬는 시간은 다르다. 다음 수업을 준비할 수도 있고 화장실에 가거나 친구와 수다를 떨 수도 있다. 다양한 선택지를 자유롭게 정할 수 있다. 즉 스스로 결정하려면 의사를 결정하는 데 필요한 여러 가지 정보를 적절하게 처리해 행동해야 하므로, 상황을 판단하기 어려운 자폐 스펙트럼 장애인에게는 쉬는 시간이 불편하게 느껴질 것이다.

　중, 고등학교라면 아직 참을 만하다. 기본적으로 반 단위로 정해진 교실에서 아침부터 저녁까지 시간표에 맞춰 생활하기 때문이다. 하지만 대학에 들어가면 '임기응변' 수준이 껑충 뛰어오른다. 무슨 수업을 들을지, 비는 시간에는 어디서 무엇을 할지, 점심시간에는 무엇을 먹을지, 일상에서 선택할 일이 대폭 늘어나기 때문이다.

사회인이 되면 '임기응변' 수준은 대학 시절보다 더욱 올라간다. 회사에서는 보통 한 가지 일만 하지 않는다. 정도 차이는 있지만, A 업무와 B 업무에 걸리는 시간을 직접 배분하면서 두 업무를 병행하는 멀티태스킹 능력과 기술이 요구된다.

다양하게 체험하고 효과적인 지원과 연습을 거치면 임기응변에 어느 정도는 익숙해지기도 한다. 그럼에도 자폐 스펙트럼 장애인 대부분은 학업이나 업무 환경이 바뀌면 고민이 많아져 남몰래 속을 태운다.

그러므로 자폐 스펙트럼 장애인 주변에 있는 비장애인은 자폐 스펙트럼 장애인이 하는 행동이 다른 사람에게 민폐를 끼칠 정도로 이상하다는 이유로 고치려 하지 말고 그렇게 행동하는 이유를 관찰하고 생각하며 그 배경까지 추측하는 태도를 유지해야 할 것이다.

제5장

발달장애인과 함께
더 나은 삶을 살려면

장애? 혹은 개성?

당사자가 스스로 대처해야 할 일?

지금까지 감각 과민, 감각 둔화와 같은 자폐 스펙트럼 장애인이 지닌 '감각 문제'를 설명했다. 그런데 자폐 스펙트럼 장애인이 지닌 감각 특성은 '장애'로 받아들여야 할까?

제2장에서 설명한 것처럼 자폐 스펙트럼 장애인이 지닌 감각 특성은 2013년 《DSM-5》 발표로 진단 기준이 개정되면서 주목을 받았다. 그때까지 주목을 받아 온 자폐 스펙트럼 장애인의 의사소통 특성과 마찬가지로, 감각 특성 또한 고칠 필요가 있는 것이라는 대전제 아래 연구와 지원이 이뤄져 왔다. 적어도 자폐 스펙트럼 장애인이 지닌 감각 특성은 주변에서 배려해야 할 요소라기보다는 당사자가 스스로 처리해야 하는 문제라고 사람들 대부분은 아무런 의심도 없이 생각했을 것이다.

감각 과민과 감각 저하는 당사자가 일상생활을 하는 데 큰 영향을 끼쳐 학교나 직장에 적응하기 어렵게 만드는 요인이다. 그래서 당사자들은 조금이라도 감각 문제를 가볍게 해 대처하는 방법을 알고 싶어 한다.

문제의 배경에는 높은 시간 해상도나 세세한 정보를 상세하게 분석하는 감각 특성 등이 있을지도 모른다. 감각 특성 자체는 옳은지 그른지 판단해서는 안 된다. 어디까지나 감각 특성은 '개인차'일 뿐이다. 애초에 나와 다른 사람이 같은 것을 보고 같은 것을 느낀다고 전제하는 자체가 잘못이다.

'옆 사람과 시선이 다르다'는 감각

내가 보고 있는 것과 옆 사람이 보고 있는 것은 다르다. 내게도 그 감각의 일부분을 알 수 있는 특성이 있다. 나는 색각 이상(2017년, 일본 유전자 학회에서는 '색각 다양성'이라는 명칭을 제안)이다. 어릴 때 가끔 주변 사람들과 색을 다르게 보고는 했다. 특히 빨간색과 녹색이 그랬다.

나이를 먹으면서 내가 색을 다르게 본다는 사실을 깨달았다. 학회 발표 때 프로젝터로 송출하는 자료에서 빨간색으로 강조된 문자가 검은색으로 보여 발표자가 어디를 강조하고 있는지 모르는 일이 잦았다. 눈이 충혈됐다는 말을 이해하지 못했고, 피부가 까져 빨갛게 됐다는 말을 들어도 상처를 찾기 어려웠다. 딸을 키울 때도 마찬가지였다. 기저귀는 아이가 소변을 보면 선이 연한 녹색으로 변하는데, 내 눈으로는 색이 변했는지 확인할 수가 없었다. 그래서 아이가 막 태어났을 무렵에는 기저귀를 갈 때 손으로 만져보거나 다른 방법으로 확인하는 수밖에 없어 무척 애를 먹었다. 아버지 또한 색을 남들과 다르게 보았다고 하셨으므로, 어머니는 내가 아버지 유전자를 물려받을까 봐 노심초사하셨다.

어릴 때는 내가 주변 사람들과 딱히 다르다는 사실을 인식하지 못했다. 하지만 나이가 들고 나와 다른 사람을 비교하는 일이 늘어나면서 주변 사람들과 나 사이에 차이를 깨달았다. 이처럼 경험을 거듭하며 다른 사람과의 차이를 받아들이는 과정은 감각 과민이나 감각 저하가 있는 자폐 스펙트럼 장애인과 어느 정도 맞닿아 있는 듯하다.

감각 과민을 예로 들어 보자. 자폐 스펙트럼 장애인은 일상에서 느끼는 강한 자극이 남들이 느끼는 자극과 얼마나 다른지 비교할 수 없다. 따라서 처음에는 자신이 경험한 민감한 감각을 당연히 주변 사람들도 느낀다고 생각하며 하루하루를 힘겹게 보내고 있었을 것이다. 하지만 나는 도저히 참기 힘든 자극을 아무렇지도 않게 받아들이는 사람들을 보면서 내가 어쩌면 감각 과민일지 모른다고 의심하게 된다.

감각 정도가 중간쯤 되는 사람은 다른 사람과 감각이 얼마나 차이 나는지를 쉽게 자각할 수 없다. 그런 의미에서 본다면 감각 과민이나 감각 저하와 같은 감각 특성은 나와 다른 사람의 차이를 알고, 사람이 얼마나 다양한지를 깊이 이해하는 데 큰 영향을 미치는 요소라 할 수 있다.

앞서, 감각 과민과 감각 저하는 《DSM-5》에서 자폐 스펙트럼 장애를 진단하는 요소에 포함됐다고 이야기했다. 따라서 자폐 스펙트럼 장애의 상태상(특성 패턴을 형태로 정리한 것) 일부분을 감각 문제가 담당하고 있다는 것은 분명한 사실이다.

하지만 감각에는 다양한 이유에 따른 개인차가 발생한다. 제3장에서 언급한 네커 큐브 예시처럼 사물을 보거나 느끼는 방법은 사람과 상황에 따라 다르다. 다만 우리는 마치 모두가 똑같은 세계를 보고 있다는 오류 속에서 매일을 살아간다. 애당초 사람마다 보유한 감각이 다르고 저마다 조금씩 다른 형태로 세상을 파악하고 있다면, 자폐 스펙트럼 장애인이 지닌 감각 또한 본연의 '개성'으로 받아들일 수 있을지 모른다.

이제 자폐 스펙트럼 장애인이 가진 감각이 '장애'냐 '개성'이냐는 질문에는 어떻게 대답할 수 있을까? '당사자가 일상생활에 적응하기 어려워하는 데 감각이 얼마나 관련하고 있는지 바라보는 관점'과 '단순히 감각을 개개인마다 다르게 보유하고 있는 특성으로 바라보는 관점' 가운데 어느 관점으로 질문을 받아들이느냐에 따라 대답이 달라질 것이다.

거시적이 아닌 미시적인 관점으로 수용한다

자폐 스펙트럼 장애라는 이름에 든 '스펙트럼'이라는 말은 정도가 연하고 짙은 다양한 특성이 섞여 한 사람의 모습을 형성한다는 뜻이다. 비장애인이라고 해서 자폐 스펙트럼 장애 특성이 전혀 없는 것이 아니라 누구든 어느 정도는 특성이 있다는 의견도 내세워져 왔다.

자폐 스펙트럼 장애 특성 정도에 따라 비장애인과 자폐 스펙트럼 장애인을 일직선상에 늘어놓는다고 하자. 줄지은 것을 위에서 내려다보며 따라갈 때, 어느 일정한 자폐 성향을 넘어가면 장애 진단을 받는 사람들이 조금씩 나오게 된다. 이것이 스펙트럼이라는 낱말을 해석하는 방법이다.

자폐 스펙트럼 장애에 관한 거시적인 인식은 비장애인이 자폐 스펙트럼 장애인을 자신들과 똑같은 일직선상에서 파악할 수 있게 한다. 또한 비장애인 자신들도 다들 고집이 있고 저마다 사회성에 차이가 있기 때문에 자폐 스펙트럼 장애인을 충분히 이해하는 데 도움이 된다.

반면 거시적인 인식만으로 자폐 스펙트럼 장애인을 이해했다고 생각한다면 오산이다. 자칫 자폐 스펙트럼 장애인을 일반화할 수 있고, 당사자들이 가진 개인차를 모르고 지나가기 쉽다.

실제로는 거시적인 관점에서는 보이지 않는 다양한 특성이 겹쳐 한 사람의 모습을 형성하고 있는 셈이다. 그러므로 당사자가 마주하는 실제 상황을 충분히 이해하고, 당사자 한 사람 한 사람과 서로 존중하는 관계를 이어 나가려면 미시적인 관점으로도 개개인의 특징을 확인해야 한다.

감각의 특성에도 다양한 부분에서 개인차가 존재한다. 자극을 지각하는 역치(감각이나 반응, 흥분을 일으키기 충분한 최소한의 강도나 자극 양), 자극에 따라 조절하는 신경 활동, 자극에 맞서 정동에 따라 생기는 반응은 모두 사람마다 다르다.

이런 점을 바탕으로 특정 뇌 부위의 활동이나 구조에 따라 자폐 스펙트럼 장애인과 비장애인을 한데 묶어 비교하는 기존 연구 방법 형태에 의문이 던져졌다.

즉 모든 자폐 스펙트럼 장애인은 공통적인 특징이 있다는 가정에 모순이 있다는 뜻이다.

앞으로는 '자폐 스펙트럼 장애인이란'과 같은 모호한 표현을 넘어 개개인의 지각과 인지 특성에 주목하고 그 특징의 배경에 어떤 원인이 있는지를 생각해야 한다. 이에 따라 진단 기준과 연구 방법 또한 바뀌게 될 것이다.

발달장애가 가지는 힘

지나치게 민감한 감각 때문에 표현할 수 있는 세상의 아름다움

　자폐 스펙트럼 장애인을 대상으로 한 연구를 통해 당사자가 시각, 청각, 촉각에 걸쳐 매우 정밀한 지각을 지닌다는 사실을 알 수 있었다. 지금부터는 자폐 스펙트럼 장애인이 지닌 감각 특성이 예술이나 기술에 쓰이고 있다는 사실을 설명하려고 한다.

　나는 지금까지 그림에 뛰어난 재능을 보이는 자폐 스펙트럼 장애인을 많이 만났다. 그들은 풍경화를 그릴 때는 아주 작은 부분까지 세세하게, 추상화를 그릴 때는 무척 규칙적인 패턴으로 표현한다. 그림을 잘 그리는 재능은 민감한 감각과 관련할지도 모른다. 비장애인이라면 무심코 지나갈 만한 평범한 풍경을 보고도 매우 미세한 각도 차이조차 놓치지 않고 특징적인 부분을 금세 포착해 낸다. 자폐 스펙트럼 장애인 머릿속에 그려지는 세상은 매우 풍부하고 다채로운 모양이다. 머릿속에 그려지는 풍부한 이미지가 특별한 예술 작품으로 이어지는 듯하다.

　자폐 스펙트럼 장애인은 악기 연주에 뛰어난 능력을 발휘하기도 한다. 천재적인 피아니스트 가운데에는 자폐 스펙트럼 장애인도 있

다. 악기를 잘 연주하는 능력은 날카로운 지각과 연관이 있을 가능성이 높다. 음높이를 아주 작은 단위에서 구분하는 능력이나 보통은 잘 들리지 않는 희미한 음색에도 귀를 기울이는 힘은 머릿속에 풍부한 음의 세계를 만들어 낸다. 풍부한 음의 세계는 정확히 알아야만 표현할 수 있다. 또한 민감한 손끝 감각은 악기를 연주할 때 활약한다. 제4장에서는 웬만한 사람이 지닌 촉각에 비해 10분의 1에 해당하는 시간 해상도를 가진 사람을 소개했다. 손끝의 높은 시간 해상도는 피아노 건반을 아주 작은 시간 차이로 섬세하게 두드리며 아름다운 선율을 만들어 낼 수 있다.

자폐 스펙트럼 장애인이 가진 민감한 감각은 좀처럼 찾아보기 어려운 표현 방법이 다양한 분야에서 탄생하는 배경과 관련이 있다.

너무 치켜세우면 새로운 분열을 낳는다

자폐 스펙트럼 장애인이 가진 감각 특성을 지나치게 치켜세운 나머지 하나의 재능인 것처럼 극찬하는 현상을 둘러싸고 의견이 분분하다. 이전에는 감각 특성을 '치료해야 하는 대상'으로 인식했는데, 감각 특성을 개성으로 받아들이려다 보니 '굉장한 것'이라고 극찬하는 경향이 도드라지는 듯하다. 뒤에 설명하겠지만, 자폐 스펙트럼 장애인 가운데에는 감각 특성을 발휘할 만한 환경 속에서 활약하는 사람들도 있다. 무척 좋은 현상이다.

하지만 특정 인물이 지닌 감각 특성에 주목해 버리면, 그런 특성을 가지지 못한 사람들을 도리어 신기하다는 듯 바라보게 된다. '자폐 스펙트럼 장애인과 비장애인은 다르다'고 여겨온 시대와 '자폐 스펙트럼 장애인 가운데 감각 특성을 발휘해 활약하는 사람과 그렇지 않은 사람은 다르다'고 간주하는 시대. 두 시대 모두 여전히 분단이 생기는 구조인 것이다. 그래서는 아무런 의미가 없다.

사람은 각자가 다 다르다. 그러니 개인차를 인정하는 세상이 돼야 한다. 이 대전제를 이해하고 있어도 자폐 스펙트럼 장애인이 뛰어난 예술이나 기술과 관련한 감각 특성을 보일 때면 놀라움을 금할 길이 없다. 몇 가지 사례를 소개한다.

공감각을 가진 사람

'공감각'은 글자를 보거나 소리를 들으며 색 감각을 경험하는 것처럼 일상적인 감각에 더해 다른 감각이 무의식중에 함께 일어나는 현상을 가리킨다.

글자나 숫자에서 색이 보이는 유형, 소리에서 색이 보이는 유형, 맛에서 형태를 상상하는 유형, 통증과 색이 연결되는 유형, 색을 보고 소리를 느끼는 유형 등 공감각에는 여러 유형이 있다. 어떻게 분류하느냐에 따라서 다르겠지만, 어떤 학설에 따르면 현재까지 알려진 공감각은 150종류가 넘는다고 한다. 공감각 유형은 사람마다 다르며 개인이 지닌 공감각 유형은 보통은 평생 바뀌지 않는 듯하다 (가령 숫자에서 색이 보이는 사람은 보는 방법이 중간에 바뀌지 않는다).

공감각을 지닌 사람과 자폐 스펙트럼 장애인 사이에는 공통된 생리학적 기반이 있을지도 모른다는 의견을 바탕으로 연구가 진행되고 있다. 영국의 케임브리지 대학교 교수인 사이먼 배런코언Simon Baron-Cohen이 이끄는 연구진이 2013년에 발표한 조사에 따르면, 공감각을 가진 사람의 비율이 비장애인은 7.2%에 불과했지만, 자폐 스펙트럼 장애인은 18.9%로 높았다. 다른 조사에서는 글자에서 색을 떠올리는 공감각을 지닌 사람들로 대상을 한정했는데, 해당 공감각을 가진 사람의 비율이 자폐 스펙트럼 장애인은 17.2%로 높았지만, 비장애인은 1.1~2.0%에 그쳐 큰 차이를 보였다.

제3장에서 자폐 스펙트럼 장애인은 어느 특정한 뇌 영역끼리 짓는 연결(활동 동기)이 비장애인보다 강하거나(과잉) 약한(과소) 경향을 보인다고 이야기했다.

뇌는 어느 발달 단계에서 '시냅스 가지치기'라 부르는 작업을 하는데, 이것은 불필요한 시냅스 결합을 제거하는 일을 가리킨다. '가지치기'를 제대로 하지 않으면 시냅스가 얽히고설켜 어느 특정한 뇌 영역끼리 짓는 연결(활동 동기)이 비장애인보다 강한(과잉) 상태가 될 소지가 있다.

그래서 뇌의 두 영역이 평소보다 강하게 연결되면 본래 서로 다른 개별적인 감각인 글자, 소리, 색 등이 결합하게 된다는 가설이 힘을 얻고 있다.

반대로, 단순히 뇌의 특정 영역에서 신경이 강하게 연결 짓는 것만으로는 공감각을 지닌 사람들이 겪는 실제 경험을 충분히 설명할 수 없다는 의견도 있다. 연구할 여지가 있는 분야이기는 하지만, 자폐 스펙트럼 장애인이 비장애인보다 공감각을 지닌 사람의 비율이 높다고는 이야기할 수 있을 듯하다.

소리를 '보는' 감각이 만들어 내는 그림

공감각을 지닌 발달장애인은 굉장한 예술 작품을 만들어 내기도 한다. 마키노 유키라 씨도 그중 한 사람이다. 마키노 씨는 소리에서 색을 떠올릴 수 있는, 이른바 '색청' 공감각을 지녔다. 그가 그린 작품인《시간 모험》은 무척 작은 기하학무늬가 마치 퍼즐 조각을 맞춘 것처럼 놓여 있다.

작품을 제작한 과정이 무척 흥미롭다. 마키노 씨는 소리를 듣고 떠오른 색을 캔버스 가운데부터 빙글빙글 확장해 가는 방식으로 덧칠했다고 한다. 그림을 그리면서 캔버스를 넘어 외부로 계속 뻗어 나가는 이미지를 떠올렸다고 한다.

제4장에서 자폐 스펙트럼 장애인이 자기중심적으로 세상을 받아들이는 경향이 있다고 설명한 바 있다. 자기중심적 경향은 자폐 스펙트럼 장애인이 사물 위치를 파악할 때 사물을 둘러싼 틀을 신경

쓰지 않는 특성과 관련이 있다. 자폐 스펙트럼 장애인은 글자를 쓰는 연습을 할 때 칸보다 크게 쓰거나, 그림을 그릴 때 종이 바깥까지 그림을 그리는 일이 종종 있다. 하지만 틀을 의식하지 않는 특성은 마키노 씨 작품처럼 끝없이 뻗어 나가는 듯한 자유로운 표현으로 이어진다.

자폐 스펙트럼 장애인이 지닌 자기중심적 특성과 공감각이 결합해 굉장한 예술 작품을 만들어 낸 것이다.

《시간 모험》, 마키노 유키라

절대 음감을 소유한 사람

자폐 스펙트럼 장애인 가운데 일정한 비율로 '절대 음감'을 소유한 사람이 존재한다고 한다. 절대 음감은 '다른 음과 비교하지 않고도 음높이를 순간적으로 판별할 수 있는 능력'이다. 일상생활에서 소리를 듣기만 해도 '노크하는 소리는 미', '개가 짖는 소리는 솔'하고 절대적인 음높이(음이름)를 맞힌다.

음감은 절대 음감과 상대 음감으로 나뉜다. 상대 음감은 두 음을 듣고 어느 음이 높은지 판별하거나, '도'와 같은 기준 음을 들려준 뒤 다른 음을 들려주었을 때 그 음이름을 판별하는 능력이다.

절대 음감을 지닌 자폐 스펙트럼 장애인이 있다고 보는 이유는 무엇일까? 음은 주파수와 음압이라는 두 가지 요소로 분해할 수 있는데, 그중 주파수는 음높이를 가리킨다. 파장 폭이 좁아질수록(촘촘해질수록) 높은음이 들리고, 넓어질수록 낮은음이 들린다. 음압은 소리 크기를 말하며, 단위는 데시벨(dB)이다.

자폐 스펙트럼 장애인은 주파수가 미세하게 다른 음도 정확하게 구별할 수 있다고 한다. 2000년, 캐나다 몬트리올 대학교의 로랑 모트롱Laurent Mottron 교수가 이끄는 연구진은 길이가 일정한 두 선율을 실험 참가자에게 차례대로 들려주고, 두 선율이 같은지 다른지 판단하게 했다. 실험에서 사용한 선율은 거의 비슷하지만 중간부터 음높이가 미세하게 달랐다. 실험 결과, 자폐 스펙트럼 장애인은 두 선율에서 음이 어떻게 차이 나는지 비장애인보다 민감하게 집어냈다.

 또한 자폐 스펙트럼 장애인은 소리 크기를 아주 조금만 키워도 비장애인보다 소리 변화를 민감하게 느낀다. 비장애인 음악가 중 절대 음감을 가진 사람과 그렇지 않은 사람을 대상으로 음높이를 맞히는 절대 음감 테스트를 한 뒤, 음감이 자폐성장애 성향과 얼마나 관련이 있는지를 조사한 연구가 있었다. 연구 결과, 자폐성장애 성향이 강할수록 절대 음감을 보유한 사람이 많다는 사실이 밝혀졌다.

 다만 자폐 스펙트럼 장애인과 비장애인 44명씩을 대상으로 해 두 집단의 절대 음감 정도를 비교했더니 오히려 자폐 스펙트럼 장애인의 절대 음감 비율이 낮았다고 한다. 따라서 자폐 스펙트럼 장애인이라고 해서 모두 절대 음감은 아니고 일정 비율로 뛰어난 절대 음감을 가진 사람이 있을 수 있다고 보는 편이 타당하다.

 작은 소리에도 반응하는 특성은 일상생활에서 다양한 괴로움을 불러일으킬 수 있다. 가령 학교 스피커에서 갑자기 흘러나오는 소리 때문에 공황 상태에 빠지거나 가게에서 튼 배경 음악에 고통스러워하기도 하고 영화관에서 갑자기 시끄러운 소리가 나면 참지 못한다.

 한편 이 감각 특성은 일상생활을 풍부하게 해 줄 수도 있다. 교향곡을 감상할 때를 예로 들어 보자. 웬만한 사람들 귀에는 하나의 소리밖에 들리지 않을지도 모르지만, 소리를 민감하게 구분하는 사람에게는 바이올린, 첼로, 오보에와 같이 동시에 연주되는 다양한 악기 소리가 어우러져 들릴 것이다. 그뿐만 아니라 여러 악기 소리가 어우러지는 연주 가운데서도 '플루트 소리는 감정 표현이 참 풍부하다'고 하며 특정 연주자의 솜씨를 더욱 깊이 음미할 수도 있다.

이렇듯 자폐 스펙트럼 장애인은 비장애인보다 소리에 민감하게 반응할지 모르지만, 비장애인은 알지 못할 아름다운 음을 만끽하고 있을지도 모른다.

'틀린 그림 찾기'를 잘하는 능력

나무를 보는 일이 주특기인 자폐 스펙트럼 장애인은 이른바 '틀린 그림 찾기'에 뛰어난 능력을 발휘한다.

158쪽 그림을 보자. 그림에서 다른 특징을 가진 도형(이 그림 예시에서는 흐린 색 사선)을 재빨리 찾아내 버튼을 누르고 대답한다. 이와 같은 방식으로 반응 시간을 조사하는 과제를 '세부 특징 탐색 과제'라고 부른다. 자폐 스펙트럼 장애인은 과제 수행 능력이 뛰어나 비장애인과 비교해 목표로 하는 도형을 재빨리 찾아낼 수 있다. 즉 방해하는 정보들 사이에 숨겨진 단 하나의 목표물을 순식간에 찾아낼 수 있다.

또한 자폐 스펙트럼 장애인은 아주 작은 각도 차이와 밝기 차이도 변별할 수 있는 감각 특성을 지녔다는 사실도 다양한 연구를 통해 밝혀졌다.

158

세부 특징 탐색 과제

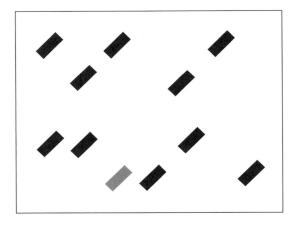

해외에서는 자폐 스펙트럼 장애인이 세부 특징을 잘 골라내는 능력을 적극적으로 받아들이고 있다. 마이크로소프트는 2015년부터 자폐 스펙트럼 장애인을 소프트웨어 공학자나 데이터 과학자 등으로 채용하는 자폐성 스펙트럼 장애인 채용 프로그램을 만들었다. 프로그램의 방대한 자료를 검토하며 에러(버그 등)를 골라낼 때 자폐 스펙트럼 장애인이 가진 '사소한 차이를 알아차리는 힘'은 큰 도움이 된다. 일정한 규칙에 따라 프로그램을 구축해야 하므로 자폐 스펙트럼 장애인이 사고하는 방식과도 잘 맞는다.

앞에서 소개한 로랑 모트롱 교수 연구팀도 자폐 스펙트럼 장애인을 고용했다고 한다. 고용된 자폐 스펙트럼 장애인은 틀린 부분을 순식간에 찾아내는 능력을 활용해 논문 교정 작업에 참여하며 팀이 진행하는 연구를 지원한다.

다만 일부 사례를 바탕으로 자폐 스펙트럼 장애인에게 바로 프로그램을 맡기려는 생각은 위험하다. 자폐 스펙트럼 장애인이라고 해서 모두 틀린 것을 찾아내는 능력이 있는 것은 아니다. 하물며 프로그래밍 기술을 익히려면 배워야 할 기술도 많다. 자폐 스펙트럼 장애인 모두가 프로그래밍에 잘 맞는다고 할 수 없기에, 각자의 특성에 맞도록 개개인이 잘할 수 있는 일을 키워 줘야 한다.

자폐 스펙트럼 장애'라도'가 아니라, 자폐 스펙트럼 장애'라서' 과학에 공헌할 수 있다

여기까지 공감각을 살린 독창적인 예술 작품 창작, 절대 음감을 살린 음악계에서의 활동, 사소한 차이를 발견하는 감각을 활용한 업무와 같이 자폐 스펙트럼 장애인이 지닌 감각 특성을 잘 살린 사례를 일부 소개했다.

2011년 《NATURE》 3월호에는 '자폐 스펙트럼 장애의 힘The power of autism'이라는 제목이 달린 기사가 실렸다. 기사에는 다음과 같은 문장이 있었다.

"I believe that they contribute to science because of their autism, not in spite of it."(그들이 자폐 스펙트럼 장애'라도'가 아니라 자폐 스펙트럼 장애'라서' 과학에 공헌할 수 있다고 믿는다. ※저자 번역)

나는 이 말에 공감한다. 그러니 부디 본문에 나온 사례뿐 아니라 앞으로 많은 사람이 더 많은 분야에서 감각 특성을 살려 활약할 수 있기를 바란다.

발달장애인 주변에 있는 사람들이 할 수 있는 일

'미래로 이어지는 발달'을 지원하자

　마지막으로 자폐 스펙트럼 장애인 주변에 있는 사람들이 할 수 있는 일을 정리해 보자.

　첫째, 자폐 스펙트럼 장애인이 눈에 보이지 않는 '감각 문제'에 관한 고민과 괴로움을 안고 있을지 모른다는 생각을 염두에 둔다. 비장애인에게 평소와 다른 길을 걷는 행동은 별일이 아닐지도 모른다. 하지만 자폐 스펙트럼 장애인에게 평소와 다른 길을 걷는 일은 전혀 다른 세계에 발을 들여놓는 별일이다. 비장애인끼리도 각자 느끼는 감각은 완벽하게 공유하기 어려운 법이다.

　둘째, 서로가 지닌 감각 특성이 다르다는 사실을 받아들이고 선입견 없이 차분히 특성을 관찰한다. 제멋대로인 듯 보이는 언행도 사실은 무언가를 호소하는 신호일지도 모르기 때문이다.

　셋째, 차분히 관찰하며 '왜 저런 행동을 취하는지' 언행 뒤에 있는 배경에 관심을 가진다. 상식적이지 않고 다른 사람에게 민폐를 끼친다는 이유로 자폐 스펙트럼 장애인의 행동을 교정하려고 하지 말고, 행동을 취하는 원인부터 파악하면 더 좋은 해결책을 찾을 수 있다.

넷째, 전문가가 보내는 응원과 지원을 믿고 전문가에게 협력을 구한다. 내 연구에 참여한 작업 치료사 마쓰시마 가나에 선생님이 한 말이다.

"내 일은 어린 자폐 스펙트럼 장애인들이 마주한 '지금'을 돕는 일, '미래로 이어지는 발달'을 돕는 일입니다."

'지금'을 돕는다. 자폐 스펙트럼 장애인이 생활 속에서 느끼는 고민을 조금이라도 덜 수 있도록 가족, 유치원 교사, 학교 선생님과 손잡고 당사자인 아이들이 더욱 쾌적하게 생활할 수 있는 환경을 마련해 주는 일이다.

그리고 '미래로 이어지는 발달'을 돕는다. 부족한 운동 신경(상·하체 협응 운동 등)이 발달하도록 돕거나, 흥미나 관심이나 호의를 가질 수 있는 체험으로 유도하거나, 때로는 자기 세계가 넓어지도록 앞으로 한 걸음 내딛는 경험을 지원하는 일이다.

효과적으로 지원하려면 자폐 스펙트럼 장애인 각자가 지닌 발달 단계를 알고, 감각 특성에 따라 무엇이 가장 적합한지 그때그때 판단할 수 있어야 한다. 전문 능력을 갖춘 사람들과 밀접하게 연계해 나갈 때, 자폐 스펙트럼 장애인이 개성을 인정받는 사회, 살기 좋은 세계를 구축하는 길로 이어질 수 있을 것이다.

제6장

발달장애인이
활약할 수 있는 세상으로

앞으로 이어질 연구와 과제

감각 저하에 관한 연구가 진전하다

앞으로 발달장애 연구는 어떻게 나아가야 할까? 연구자로서 내 생각을 이야기하고자 한다.

첫 번째로, 감각 저하에 관한 연구가 큰 진척을 이룰 것이다. 미국에서 2013년에 《DSM-5》를 발행하며 진단 기준을 개정할 때, '감각 과민'과 '감각 저하'가 자폐 스펙트럼 장애 진단 여부에 중요한 기준이 됐다는 사실을 제2장에서 설명한 바 있다. 감각 문제는 자폐 스펙트럼 장애인이 안고 있는 문제 가운데 비교적 최근에 주목을 받기 시작했다. 다만 연구 논문 대부분은 감각 과민만 다루고 있어 감각 저하를 주제로 연구한 사례가 매우 적은 것이 현실이다.

감각 과민에 비해 감각 저하는 당사자나 주변 사람들이 깨닫기 어렵다는 이유로, 감각 저하에 관한 연구는 속도가 늦다. 감각 과민은 알아차리기 쉽다. 예를 들어 눈이 부실 정도로 밝은 빛을 보면 당사자도 주변 사람들도 자신이 민감하게 반응하고 있지는 않은지 생각해 볼 수 있다. 반면 추위나 더위를 잘 느끼지 않는 감각 저하는 자극에 크게 반응하지 않게 되므로 감각 과민에 비해 겉으로 보기에도 별 차이가 없다. 그래서 감각 저하는 당사자나 주변 사람들 모두 눈치채기 어렵다.

다만 감각 저하는 오감 전체에서 일어날 수도 있으므로 연구할 가치가 충분한 주제다. 감각 저하라는 말을 들으면 우리는 곧바로 '통증에 관한 둔감', '추위나 더위에 관한 둔감'과 같이 촉감을 기준으로 연상한다. 그러나 시각 저하(눈에 보이는 자극 정보에 둔감)나 청각 저하(귀에 들리는 자극 정보에 둔감) 특성을 가진 사람이 있을지도 모른다(예를 들어 비장애인 눈에는 신호로 보이는 것을 시각 저하를 겪는 사람은 보지 못하기 쉽다).

감각 저하는 자폐 스펙트럼 장애인 개개인의 특성을 알기 위한 중요한 정보가 될 수 있다. 연구자로서 감각 저하에 관한 뇌 신경 회로 등을 연구해 보고 싶을 정도로 많은 사람이 크게 주목하고 있는 분야이기도 하다.

'감각 과민과 감각 저하의 동거'에 관한 해상도가 더욱 선명해지다

두 번째로, 신경 전달 물질인 GABA가 하는 역할이 추가로 밝혀질 것이다. GABA는 뇌와 척수에서 신경 활동을 일정하게 유지하는 억제성 신경 전달 물질로 알려졌다. 활동을 적당한 상태로 조절하는 기능을 지니고 있다는 점이 중요하다. 과도하게 흥분하지 않도록 억제하는 기능뿐만 아니라, 적당한 흥분 상태를 유지하는 작용도 한다.

제3장에서 감각 과민과 감각 저하가 같이 나타나는 사람이 있다고 설명했는데, 그 이유는 아직 밝혀진 바 없다. 다만 나는 GABA를 공급하는 균형이 무너져 안정적인 상태를 유지하지 못하기 때문이라고 추측한다.

즉 어떤 뇌 영역에서 신경 기능이 과도하게 억제되면 관련 부위가 감각 저하에 빠지고, 반대로 과도하게 흥분 상태에 놓이면 관련 부위가 감각 과민이 되는 것이다.

감각 과민과 감각 저하를 동시에 겪는 사람이 있는가 하면, 상황에 따라서 감각 특성이 다르게 나타나는 사람도 있을 테다. 강한 대비를 보면 눈이 아픈 '시각 과민'을 겪는 사람이 있다고 하자. 그는 늘 감각 과민 상태가 아니라 특정 시점이 되면 대비에 둔감해지는 것일 수도 있다고 추측해 본다.

시각 정보는 대비, 밝기, 색, 기울기, 질감 등 다양한 요소로 분해할 수 있다. 연구가 계속되면 시각 정보 가운데 색에는 둔감하지만 기울기에는 민감하고 밝기에는 둔감함과 민감함을 오가는 등 감각 정보 각각이 구체적으로 드러날 수 있다.

내 연구에서도 GABA는 중요한 주제이므로 실험을 통해 GABA가 가진 여러 역할을 규명해 나가고자 한다.

세 번째로, 자폐 스펙트럼 장애인이 의사소통을 어려워하는 이유가 명확하게 밝혀질 것이다. 감각을 얼마나 정밀하게 시간 처리하는지, 즉 어느 감각을 어느 타이밍에 처리하는지에 대한 여부가 그 이유를 밝히는 데 중요한 실마리일 것이라고 추측해 본다.

착각과 관련한 용어 가운데 '복화술 효과'가 있다. 실제로는 다른 곳에서 소리가 나고 있지만, 우리는 소리에 맞춰 적절하게 움직이는 무언가가 소리를 내고 있다고 착각하게 된다. 우리는 소리가 어디에서 나는지 찾을 때, 시각 정보를 단서로 삼는다. 그래서 복화술사가 하는 말을 마치 복화술 인형이 하는 말처럼 느낀다.

비장애인과 자폐 스펙트럼 장애인을 대상으로 다음과 같이 실험한 연구도 있었다.

① 사람이 쇠망치로 물건을 두드리고 있는 영상과 함께 쇠망치로 물건을 두드리는 소리를 들려준다. 영상과 소리는 시간차가 거의 나지 않는 것과 많이 나는 것을 따로 준비한다.
② 사람이 입만 뻥긋거리는 영상과 함께 뻥긋거리는 입 모양에 맞춰 이야기하는 음성을 들려준다. 영상과 소리는 시간차가 거의 나지 않는 것과 많이 나는 것을 따로 준비한다.

②에서 영상과 소리가 시간차가 크게 나는 음성을 들어 보면, 일본

의 유명 복화술사인 잇코쿠도가 주로 하는 연기인 "어라……, 목소리가……, 늦게……, 들리는……데"와 비슷하다.

그럼 ①과 ②의 결과는 어땠을까? 비장애인 대부분은 ①과 ② 모두 거의 같은 시간차로 이상하다고 느낀다. 하지만 자폐 스펙트럼 장애인은 ①의 쇠망치 소리는 곧바로 이상하다는 사실을 알아챘지만, ②의 두 사람이 나누는 대화에서는 좀처럼 차이를 느끼지 못했다고 한다.

이 결과는 자폐 스펙트럼 장애인이 여러 사람이 이야기하는 장소에서 상대방 대화 내용을 이해하기 어려워하는 이유를 이해하는 데 도움이 된다. 사람이 많은 곳에서는 다양한 표정, 목소리, 몸짓이 눈과 귀로 동시에 들어온다. 이때 시간이 어긋나는 정보끼리 연결해 버리면 눈앞에 있는 사람의 입 모양과 다른 사람이 하는 말이 합쳐지니 무슨 말인지 이해하지 못하게 되고 만다.

지금 당장 해결책을 제시할 수는 없지만, 자폐 스펙트럼 장애인이 왜 괴로운지, 머릿속에서 어떤 일이 일어나고 있는지, 각각의 뇌 부위가 어느 감각에 빠져 있는지 더욱 상세하게 연구해 당사자들이 겪는 문제를 해결하는 데 필요한 실마리를 발견해야 한다.

당사자, 주변 사람들, 사회가 할 수 있는 일

발달장애인 당사자와 보호자 및 주변 사람들, 그리고 이들을 둘러싼 사회 환경 모두가 무엇을 생각하고, 어떻게 행동하며 어느 방향으로 변화해야 모두가 더 나은 삶을 함께 영위할 수 있을까?

각각에 관한 내용을 담아 다음과 같이 당부하고자 한다.

우선, 발달장애인 당사자에게 당부한다.

첫째로, 같은 특성을 가진 사람들과 연대해야 한다. 발달장애인 당사자는 매우 고립되기 쉬운 환경에 놓였기 때문이다. 최근 일본에서는 발달장애가 있는 사람과 발달장애인지 아닌지 아직 잘 모르는 사람들, 그리고 그들 가족이 모이는 '발달장애 카페' 또는 '발달 카페'가 전국에 하나둘 생기고 있다. 이곳에서는 나를 있는 그대로 드러낼 수 있고, 나와 같은 특성을 가진 사람과 교류하거나 정보를 교환할 수도 있다.

SNS를 통해 나와 같은 특성을 가진 사람들과 어울리는 방법도 있다. 같은 특성을 가진 사람들이 무슨 고민을 안고 있는지 알 수 있고,

자신이 일상생활에서 겪는 불편함을 해소하는 데 도움이 되는 말을 얻을 수도 있다. 또한 자기 고민이 발달장애 특성 때문이라는 사실을 확실히 알게 되면, 정신적으로 구원 받고 오히려 안심할 수도 있다.

두 번째로, 몸에 착용할 수 있는 장치를 활용해 자신을 기록하고, 그 기록을 토대로 자신을 되짚어 봐야 한다. 최근에 나온 애플워치 같은 장치는 필요한 애플리케이션을 설치하고 몸에 차고 있기만 해도 심장 박동 수와 심전도를 실시간으로 표시해 준다.

장치가 있다면 평소에 심장 박동 수를 확인할 수 있는 환경을 갖추고 변동 사항을 기록한다. 나중에 심장 박동 수가 왜 올랐는지 알 수 있다. 심장 박동 수가 올랐을 때 주변 소음이 얼마나 컸는지, 조명 등이 얼마나 밝았는지, 사람들이 나를 쳐다보고 있었는지 되짚어 보고 기록해 두면, 자신이 컨디션이 나빠지거나 불편함을 느끼는 상황을 파악할 수 있게 된다.

세 번째로, 건강을 해치거나 불편한 상황을 피하기 위한 대책과 준비를 실행해야 한다. 이는 두 번째 당부 내용과도 관련이 있다. 소음이 큰 곳에 갔을 때 불쾌한 기분이 든다면 되도록 그 장소를 피한다. 이런 식으로 자기 건강을 지키기 위한 '나만의 규칙'을 만들어 간다.

발달장애인은 환절기나 날씨가 안 좋을 때 컨디션이 나빠진다는 말을 자주 한다. 그 원인이 기온에 있는지 기압에 있는지는 아직 밝혀지지 않았고, 개인차도 무시할 수 없다. 만일 적어 둔 내용을 통해 기온이 급격히 떨어졌을 때 반드시 몸 상태가 나빠진다는 경향을 파악한다면 대책을 마련할 수 있을 것이다. 일을 하는 사람은 주간 일기 예보를 보고 '이번 주 목요일부터 갑자기 추워진다고 하니 자칫 몸 상태가 안 좋아져 일을 못 하거나 쉴 수도 있겠다'는 예상을 할 수 있다. 그러면 업무 속도를 다시 설정하기도 하고 건강을 더욱 열심히 관리할 수도 있다.

보호자에게 전하고 싶은 두 가지 당부

보호자 가운데, 특히 발달장애인 자녀를 둔 부모에게는 다음 두 가지를 당부하고자 한다.

첫 번째는, 가족끼리 고립되지 않도록 의지할 곳을 만들어 둬야 한다. 발달장애인 당사자는 고립되기 쉽다. 만일 아이와 함께 병원에 가는 일 말고는 다른 사람과 접촉할 기회가 없다면 그 부모도 거의 고립된 것이다.

그렇다면 고립된 사람들은 어디서 상담하면 좋을까? 우선은 기초 자치 단체에 있는 장애인 관련 과(지역에 따라 명칭은 다름)를 방문해 보자. 거주 지역에 있는 장애인 관련 기관을 알려 주기도 하고 관공서에 따라 임상 심리사를 연결해 주기도 한다.

다른 하나는 보호자 모임이다. 장애 아동을 자녀로 둔 선배들은 풍부한 정보를 가지고 있다. 실제로 경험한 내용을 바탕으로 기관이나 학교에 관한 정보를 제공해 줄 것이다.

두 번째로, 몸과 마음이 피폐해지지 않도록 취미를 가지라고 당부하고 싶다. 아이를 기를 때는 부모가 숨을 돌릴 수 있는 시간과 개인적인 즐거움을 맛볼 수 있는 공간이 필요하다. 다양한 사람과 사귀고 있다는 느낌은 안도감을 주고, 어떤 일을 하는 데 의욕을 불어넣어 주기도 한다.

기초 연구와 임상과 지원을 연계하다

앞으로 발달장애에 관한 연구는 다양한 관계자와 연계하면서 보다 분야를 넘나들며 진행돼야 한다. 나 또한 그런 방향으로 연구하려고 한다.

이미 미국이나 호주에서는 하나의 큰 연구 조직을 만들고 그 안에서 기초 연구부터 임상, 특별 지원 교육, 취업 지원과 같은 응용 영역까지 연구하는 체계를 갖췄다. 어떤 연구를 하려고 할 때 임상가에게 도움을 받으면 곧바로 실험 참가자를 모집해 연구할 수 있고, 또한 임상, 교육, 취업 현장에서 피드백을 얻기도 쉽다.

내가 몸담은 연구팀이 진행한 실험에 협력하거나 참가한 발달장애인 가운데 이 실험이 어떻게 도움이 되는지 의문을 가진 사람도 있었다. 그런 사람들에게는 실제로 연구 결과가 잘 활용된 사례를 설명하면 될 것이다. 그러면 실험에 협력하거나 참가하는 사람, 발달장애로 고민하는 당사자와 보호자, 발달장애와 관련한 일에 종사하는 사람(연구자와 임상 현장에 있는 사람들) 모두에게 좋은 결과를 가져올 수 있다.

연구 성과는 발달장애 당사자들에게 돌려줘야만 의미가 있다. 그러므로 연구와 의료가 안정된 시스템을 바탕으로 연계하는 형태를 지향해야 할 것이다.

　내가 생각하기에 발달장애인은 겉과 속이 똑같고 대체로 매우 순수하다. 무슨 일이든 대충하는 일 없이 열심히 한다. 하지만 발달장애인은 감각 문제를 겪거나 몸 상태가 안 좋아지면서 땡땡이를 친다거나 제멋대로 행동한다고 주변 사람들에게 오해를 사기 쉽다. 발달장애인은 그런 어려움 속에서도 주변 사람들에게 폐를 끼치지 않고 실수하지 않으려고 매일 노력한다.

　발달장애인은 순수한 만큼 여러 가지 일에 쉽게 상처를 받는다. 다른 사람과 의사소통하면서 불안해하기도 하고 실패한 경험 때문에 계속 침울해하기도 한다. 나는 그런 사람들이 활약할 수 있는 사회를 만들고 싶다.

　발달장애인이 겪는 불안을 증폭하기만 하는 사회는 결코 건강하다고 볼 수 없다. 현대 사회는 '주변과 잘 어울리는 사람'을 요구하지만, 그럴수록 우울장애나 불안장애와 같은 이차 장애로 사람들을 내몰기만 할 뿐이다. 경직된 사회를 바꿔 가려면 가정, 학교, 직장과 같이 매일 생활하는 공간과 시간 속에서 '모두가 다르다'는 전제를 바탕으로 '누구나 나답게 살기' 위한 방법을 찾아야 한다. 그리고 발달장애인에게 자존감을 떨어뜨리는 생각이나 언행을 줄여야 한다.

사람이라면 누구나 장점이 있으면 단점이 있기 마련이다. 장점이 없는 사람은 없다. 모든 사람이 장점을 발휘하는 사회를 실현하려면 넘어야 할 산이 많다는 사실은 자명하다. 하지만 이상적인 사회란 각자가 장점을 살려 서로 부족한 점을 도와주고 공생하는 사회라 할 수 있다. 그런 사회를 만들려면 다양한 방면에서 서로를 향한 이해가 촉진돼야 할 것이다.

주요 인용 및 참고 문헌

제2장 발달장애란 무엇일까?

APA. (2013) Diagnostic and statistical manual of mental disorders (5th ed.). Arlington, VA: American Psychiatric Association.

제3장 최근 연구로 밝혀진 발달장애인의 눈에 비친 세상

Green, D., Chandler, S., Charman, T., Simonoff, E., & Baird, G. (2016) Brief report: DSM-5 sensory behaviours in children with and without an autism spectrum disorder. J Autism Dev Disord, 46(11), pp.3597-3606.

Taylor, M. J., Gustafsson, P., Larsson, H., Gillberg, C., Ludström, S., & Lichstenstein, P. (2018) Examining the association between autistic traits and atypical sensory reactivity: a twin study. J Am Acad Child Adolesc Psychiatry, 57(2), pp.96-102.

Dunn, W. (1997) The impact of sensory processing abilities on the daily lives of young children and their families: a conceptual model. Inf Young Child, 9(4), pp.23-35.

Tomchek, S. D., & Dunn, W. (2007) Sensory processing in children with and without autism: a comparative study using the short sensory profile. Am J Occup Ther, 61(2), pp.190-200.

Kornmeier, J., Wörner, R., Riedel, A., & van Elst, L. V. (2017) A different view on the Necker cube—Differences in multistable perception dynamics between Asperger and non-Asperger observers. PLOS ONE, 12(12):e0189197.

Happé, F. G. (1996) Studying weak central coherence at low levels: children with autism do not succumb to visual illusions. A research note. J Child Psychol Psychiatry, 37, pp.873-877.

Ishida, R., Kamio, Y., & Nakamizo, S. (2009) Perceptual distortions of visual illusions in children with high-functioning autism spectrum disorder. Psychologia, 52, pp.175-187.

Happé, F. (1999) Autism: cognitive deficit or cognitive style? Trends Cogn Sci, 3(6), pp.216-222.

Mottron, L., Dawson, M., Soulières, I., Hubert, B., & Burack, J. (2006) Enhanced perceptual functioning in autism: an update, and eight principles of autistic perception. J Autism Dev Disord, 36(1), pp.27-43.

Umesawa, Y., Matsushima, K., Atsumi, T., Kato, T., Fukatsu, R., Wada, M., & Ide, M. (2020) Altered GABA concentration in brain motor area is associated with the severity of motor disabilities in individuals with autism spectrum disorder. J Autism Dev Disord, 50(8), pp.2710-2722.

Umesawa, Y., Atsumi, T., Chakrabarty, M., Fukatsu, R., & Ide, M. (2020) GABA concentration in the left ventral premotor cortex associates with sensory hyper-responsiveness in autism spectrum disorders without intellectual disability. Front Neurosci, 14(482).

Khan, S., Michmizos, K., Tommerdahl, M., Ganesan, S., Kitzbichler, M. G., Zetino, M., et al. (2015) Somatosensory cortex functional connectivity abnormalities in autism show opposite trends, depending on direction and spatial scale. Brain, 138(pt 5), pp.1394-1409.

Cascio, C., McGlone, F., Folger, S., Tannan, V., Baranek, G., et al. (2007) Tactile perception in adults with autism: a multidimensional psychophysical study. J Autism Dev Disord, 38(1), pp.127-37.

Tannan, V., Holden, J. K., Zhang, Z., Baranek, G. T., & Tommerdahl, M. A. (2008) Perceptual metrics of individuals with autism provide evidence for disinhibition. Autism Res, 1(4), pp.223-230.

Buhusi, C. V., & Meck, W. H. (2005) What makes us tick? Functional and neural mechanisms of interval timing. Nat Rev Neurosci, 6(10), pp.755-765.

Ide, M., Yaguchi, A., Sano, M., Fukatsu, R., & Wada, M. (2019) Higher tactile temporal resolution as a basis of hypersensitivity in individuals with autism spectrum disorder. J Autism Dev Disord, 49(1), pp.44-53.

Ide, M., Atsumi, T., Chakrabarty, M., Yaguchi, A., Umesawa, Y., Fukatsu, R., & Wada, M. (2020) Neural basis of extremely high temporal sensitivity: insights from a patient with autism. Front Neurosci, 14(340).

제4장 발달장애인이 겪는 어려움을 공유하자

Makin, T. R., Holmes, N. P., & Ehrsson, H. H. (2008) On the other hand: dummy hands and peripersonal space. Behav Brain Res,191(1), pp.1-10.

Cascio, C., McGlone, F., Folger, S., Tannan, V., Baranek, G., et al. (2007) Tactile perception in adults with autism: a multidimensional psychophysical study. J Autism Dev Disord, 38(1), pp.127-37.

Vasa, R. A., Carroll, L. M., Nozzolillo, A. A., Mahajan, R., Mazurek, M. O., et al. (2014) A systematic review of treatments for anxiety in youth with autism spectrum disorders. J Autism Dev Disord, 44(12), pp.3215-3229.

Nimmo-Smith, V., Heuvelman, H., Dalman, C., Lundberg, M., Idring, S., et al. (2020) Anxiety disorders in adults with autism spectrum disorder: a population-based study. J Autism Dev Disord, 50(1), pp.308-318.

Roelofs, K. (2017) Freeze for action: neurobiological mechanisms in animal and human freezing. Philos Trans R Soc Lond B Biol Sci, 372(1718):20160206.

Herrington, J. D., Maddox, B. B., McVey, A. J., Franklin, M. E., Benjamin, E. Y., et al. (2017) Negative valence in autism spectrum disorder: the relationship between amygdala activity, selective attention, and co-occurring anxiety. Biol Psychiatry Cogn Neurosci Neuroimaging, 2(6), pp.510-517.

Chakrabarty, M., Atsumi, T., Kaneko, A., Fukatsu, R., & Ide, M. (2021) State anxiety modulates the effect of emotion cues on visual temporal sensitivity in autism spectrum disorder. Europe J Neurosci, 54(2), pp.4682-4694.

Umesawa, Y., Atsumi, T., Fukatsu, R., & Ide, M. (2020) Decreased utilization of allocentric coordinates during reaching movement in individuals with autism spectrum disorder. PLOS ONE, 15(11):e0236768.

Hull, L., Petrides, K. V., & Mandy, W. (2020) The female autism phenotype and camouflaging: a narrative review. Rev J Autism Dev Disord, 7, pp.306-317.

제5장 발달장애인과 함께 더 나은 삶을 살려면

Baron-Cohen, S., Johnson, D., Asher, J., Wheelwright, S., Fisher, S. E., et al. (2013) Is synaesthesia more common in autism? Mol Autism, 4(40).

Neufeld, J., Roy, M., Zapf, A., Sinke, C., Emrich, H. M., et al. (2013) Is synesthesia more common in patients with asperger syndrome? Front Hum Neurosci, 7(847).

Mottron, L., Peretz, I., & Ménard, E. (2000) Local and global processing of music in high-functioning persons with autism: beyond central coherence? J Child Psychol Psychiatry, 41(8), pp.1057-1065.

Dohn, A., Garza-Villarreal, E. A., Heaton, P., & Vuust, P. (2012) Do musicians with perfect pitch have more autism traits than musicians without perfect pitch? An empirical study. PLUS ONE, 7(5):e37961.

Wang, L., Pfordresher, P. Q., Jiang, C., & Liu, F. (2021) Individuals with autism spectrum disorder are impaired in absolute but not relative pitch and duration matching in speech and song imitation. Autism Res, 14(11), pp.2355-2372.

O'Riordan, M. A., Plaisted, K. C., Driver, J., & Baron-Cohen, S. (2001) Superior visual search in autism. J Exp Psychol Hum Percept Perform, 27(3), pp.719-730.

Bertone, A., Mottron, L., Jelenic, P., & Faubert, J. (2005) Enhanced and diminished visuo-spatial information processing in autism depends on stimulus complexity. Brain, 128(10), pp.2430-2441.

Foss-Feig, J. H., Tadin, D., Schauder, K. B., & Cascio, C. J. (2013) A substantial and unexpected enhancement of motion perception in autism. J Neurosci, 33(19), pp.8243-8249.

Mottron, L. (2011). The power of autism. Nature, 479, pp.33-35.

제6장 발달장애인이 활약할 수 있는 세상으로

Stevenson, R. A., Siemann, J. K., Schneider, B. C., Eberly, H. E., Woynaroski,. T. G, Camarata, S. M., & Wallace, M. T. (2014) Multisensory temporal integration in autism spectrum disorders. J Neurosci, 34(3), pp.691-697.

발달장애인의 눈에 비친 세계

초판인쇄 2024년 10월 31일
초판발행 2024년 10월 31일

지은이 이데 마사카즈
옮긴이 일본콘텐츠전문번역팀
발행인 채종준

출판총괄 박능원
국제업무 채보라
책임편집 구현희
디자인 홍은표
마케팅 전예리 · 조희진 · 안영은
전자책 정담자리

브랜드 이담북스
주소 경기도 파주시 회동길 230 (문발동)
투고문의 ksibook13@kstudy.com

발행처 한국학술정보(주)
출판신고 2003년 9월 25일 제406-2003-000012호
인쇄 북토리

ISBN 979-11-7217-511-5   03370

이담북스는 한국학술정보(주)의 학술/학습도서 출판 브랜드입니다.
이 시대 꼭 필요한 것만 담아 독자와 함께 공유한다는 의미를 나타냈습니다.
다양한 분야 전문가의 지식과 경험을 고스란히 전해 배움의 즐거움을 선물하는 책을 만들고자 합니다.